天仙正理

附：仙佛合宗

沖虛伍守陽眞人

伍柳派在修持丹法上主張仙道為宗，佛法為用，仙佛合宗。既論證《黃庭經》、《胎息經》、《坐忘論》，又引佛教《楞嚴經》、《大般若經》、《華嚴經》，仙佛合為一體。

華夏出版公司本著「弘揚傳統文化，好書永世流傳」的理念，因舊版圖書年代久遠，囿於時空因素，在尚未能聯繫到原著作人並取得同意下，重新出版了這本著作，如有侵權，敬請著作權人或其親友和華夏出版公司聯繫，謝謝您。

序
自後世黃白之說興妖僧盲道往往挾其
術以幻弄愚人大者傾家資蹙壽算小者
惑於採陰補陽美妾艷姬媱媾狎褻幾等
神仙於邪魘即使太上如來現身說法皆
沉迷而不知返非茫茫衆生一浩劫哉近
得讀伍沖虛天仙正理仙佛合宗柳華陽
慧命經金仙正論二氏書左道旁門掃除

盡淨乃知神卽性氣卽命盡性致命爲聖賢之眞傳煉氣歸神乃仙佛之眞諦無所謂鉛汞心腎卽鉛汞也無所謂藥物任督卽藥物也無所謂橐籥呼吸卽橐籥也無所謂火候胎息卽火候也其炭則陰陽其爐則天地其鼎則黃庭丹田煉後天之氣以還先天最初之氣煉後天之神以還先天不攸之神神完氣足命合性存沌沌然

如嬰兒之甫試笑啼綿綿然如姹女之不假鉛飾不著色相不墮愛嗔棄筌蹄而成正果乃不負兩眞人著書立說之苦衷矣吾友鄧君雲笠深得力於此書故年踰五十、無老態無悴容接人溫溫無喜慍色殆曾向桃花源問津者乎今合梓之以公同好。俾有志斯道者皆知所取法焉

光緒二十二年丙申歲十月十九日江津

春臺程德燦序于東山精舍

重刻天仙正理序

余慕玄學、歷久而不得其旨者、蓋爲嬰姹龍虎之法象、火藥男女之譬言、兼遇黃冠者、指爐火爲服食、貪彼家作眞鉛、或執於有爲、或偏於枯寂、茫然多岐、罔有適從、以致眩目惑心有年矣、繼因虔誠感格、得獲天仙正理、潛心細閱其盡性至命之學、先天後天之分、何者爲藥、何者名火、講解詳明俾數載疑團一旦冰釋雖未敢日見是書便見是道然參此可以徵吾學之邪正執此可以辨遇師之聖凡實能不爲玄學津梁者哉但惜原板藏於楚北長春觀中購求甚難而淺見之夫雖有秘藏或藉此以射利欲寧不負眞人染筆時一字一泣之慈心者耶由是與冉君性山互相推美付之剞劂公諸同志使好學者見之豁

然心目庶不被邪說之惑矣余本無學識
豈敢言明此理只以深體眞人救迷之心
急欲相傳故序明篇首願我同人寶之勿
秘是幸 皆
嘉慶七年壬戌之夏後學弟子李純一敬
書於古渝之靜觀齋中

復刻天仙正理序

蓋聞

皇天無二道道釋之所謂仙佛卽儒之所謂聖賢教雖分三理則一也故儒無不克已復禮之聖賢道釋亦無不欲淨理純之仙佛然而丹經衆矣門戶多矣在

祖師要旨度世婆心無奈後之人言高遠

者每忽近以求守卑近者恆執迷不
悟是以學者眾而成者難
真人伍沖虛公憫念後學不惜苦口著爲
是書自下學以至了卻直指詳言盡
洩天機雖時子月圓不無口訣然未
有不身心清淨而能窺其藩籬者
沖虛公由儒悟道因道證果而其始不外
掃淨靈台獨露真全所謂明善復初

而後可語超凡入聖仙則天仙理則正理也獨惜是書雖有藏板尚未及廣行宇內遍播寰中冉子清眞久思重刊恨力不及謀諸李子文粹純一者庚申冬方欲付梓而 僕 有嘉陵之遊癸亥返渝板成冉子清眞命 僕 爲之序 僕 何知安敢應命卻之至再第思君子不沒人之善李子文粹髫齡

好道參學有年卽與清眞諸子朝夕
講貫已非一日晚年有悟奉是書爲
珍璧一片婆心獨力刋行是
伍眞人以度世爲念而能體
眞人之志者惟李子則李子亦
眞人高弟也讀是書者倘能悟澈本來直
達彼岸
眞人之賜也而李子亦與有微勞焉是以

不揣固陋而爲之序

皆

皇清嘉慶九年甲子春虔撰於渝郡巴子

園尋源旅邸　茅山二十二代弟子

武定全薰沭稽首

合刻伍柳真人書敘

夫道者上天之所秘密者也古聖真不忍斯道之無傳而又懼違天誡以直洩其秘爰借鼎爐丹砂鉛汞以為喻詎意喻益紛道愈晦愚者因喻以失真而奸邪又借喻以市其惑世誣民之術正道沈淪致使大千世衆咸奔逐於荊棘叢莽無由識康莊之途滔滔者歷數千百年矣迄明季伍子

爲直淺之說以開其先　國朝柳子爲證
論以衍其緒或合妙諦於仙宗或證慧命
於佛果去膚廓存質腋條分縷晰不厭求
詳不惟讀者易解且可使修鍊家不誤歧
途誠至道之津梁也無如書各爲部求全
匪易而坊本復謬誤不堪久有校訂付梓
之願而力不逮丙申夏二三友人晤談及
此皆欣然樂從遂募貲勷厥成功合二子

之書爲一秩題曰伍柳仙宗不期年燦然
明備友乃執書顧予曰天下人皆得讀二
子之全書矣卽可見仙佛之全體不障於
僞不迷於邪非大快歟予之願不克償歟
予慨然歎曰吁信云然矣然予願未已也
古云性由自悟命必師傳予冥心此道廿
餘年望道茫茫渺不知誕登之岸敢信云
書在是道卽在是耶竊維宇宙之大豈必

無具大志大慧立願普度者憫其絀鑒其誠或不我遐棄是則大願也已友乃矍然曰願誠大矣然必證二子之道始云能讀二子之書道不絕於天壤不可爲有志者期其成耶則凡讀是書者咸遂斯願是誠吾與子之所共願也夫

光緒二十三年丁酉八月中秋日古雲安雲笠鄧徽績謹敘於自然自在之軒

增註說

書有不必註者謂已顯明直捷反覆辨論之若有註也書有可以註者謂宜發明書言以己意逆合而註之也必後之聞見與前之聞見同前書得後註理愈明而猶合轍若一斯可不誣惑於世矣若觀者不知作者意如註參同契爲納甲註悟眞篇爲房術註穆巖楞伽金剛法華以時文訓詁套語不能剖眞修實義各成門戶致有經自爲經註自爲註之斥出乖露

醜則亦何用註爲所以天仙正理直論既有仙佛合宗爲之註猶懼後人妄註錯誤害超世之聖眞吾堂弟眞陽子又加註之予又輔之同一師之學並四瞳之見而爲之者其合宗二註又皆出予錄者之手無非杜絕眾口之妄保全度世之眞則後世不必畫足於蛇倒屣於首令未來無極劫中皆不失性命根宗不迷超劫慧命誠不謬註者之所賜也故亦誠之曰

毋煩後註

伍眞人事實及授受源流畧

謹按眞人故明嘉靖乙卯孝廉維摩州刺史諱希德號健齋先生之季子也世居南昌辟邪里幼孤家貧力學持身高潔一介不苟取長而薄榮利篤好道德性命之言造次顚沛弗離也性至孝以母在故歲授生徒博館穀母九十餘而卒而先生世壽亦七十矣遂隱跡仙去所著天仙正理仙佛合宗二書掃盡旁門獨標精義誠無生之寶筏也眞人爲龍門嫡嗣原

序謂龍門授之張靜虛卽俗所謂虎皮張眞人者李虛菴師靜虛曹還陽師虛菴而眞人爲還陽弟子據此則眞人爲龍門四傳弟子矣閒攷龍門二十字派眞人適當第八字卽眞人亦自書龍門第八派弟子然則博菴之序果無據耶因重修天仙正理復以得之買癡先生及西江板原敘諸說緝而誌之以存什一於千百云越日鐵蟾又書

天仙正理目錄

附

重修天仙正理書後

伍眞人事實及授受源流略

天仙正理直論增註

本序 幷註

伍沖虛子自序曰昔曹老師語我云仙道簡易只神炁二者而已　修仙者必用精炁神三寶此言只神炁二者以精在炁中精炁本是一故也一神一炁卽是一陰一陽　予於是知所以長生者以炁　炁者先天炁卽腎中眞陽之精也人從此炁以得生亦修此炁而長生唯用修而得長其生故稱修命陳希夷所以云留得陽精決定長生是也　所以神通者以神　神者元神卽元性爲煉金丹之主人修行人能以神馭炁及以神入炁穴神炁不相隔礙則謂之內神通能以神大定純陽而出定變化無窮謂之外神

通皆神之能事故神通卽馭炁之神所顯此語人人易曉第先聖惓惓託

喩顯道託喩者以神喩姹女喩離女喩婦喩妻喩我喩汞喩砂也以元炁喩嬰兒喩坎男喩夫喩彼喩金喩鉛也喩雖多不過心腎中之二物而世多援喩誑人借古者以人喩爲言者便假說以女人爲彼家以陰戶爲鼎器以行媱爲配合以媱姤久戰而誑人曰採取取男姤之穠精女姤之濁溺而吞之曰服食此廣胎息書之異說也豈可以犬馬姤後而啖遺精之事而敎人乎有借古者以外丹藥喩爲言者便用砒硫膽硇鹽礬硝皂雜物燒煉爐火以誑人而陰爲提手行其拐騙之詐謀

致道愈晦世人貪女鼎之樂以媱姤而失精反稱曰採補本催死之事反稱不死之道寧貪數年之媱樂無證果而速死不學百日築基成而得長生愈行假路愈不識性命之眞宗又有世人貪求橫

財燒煉爐火只學點茅假銀反稱爲點化金丹意圖
賺錢而得大利反遭折本而頃家愈信方士愚矣愈
不識眞金丹之妙藥此所
以道之不明而曰愈晦　故先聖又轉機而直言神
氣矣喻本爲明道而設言其近似邪人執喻爲道而
道反受害于喻矣故自我上眞人以來諸祖不
得不直言神炁二
者以決言道之眞羣書之作或有詳言神則未有不
略於氣者或有詳言氣亦未有不略於神者是亦天
機之不得不秘也者奈後世又不能究竟無全悟何
無完修何仙道以元神元炁二者雙修而成故說性
命雙修爲宜古聖詳神略氣及後世愚人
不明乎炁只妄言後天呼吸之事所以不能全悟完
修而成道古聖詳氣略神後世愚人不知所主者在

神只妄猜修命不修性犯呂眞人所言如何能入聖所以亦不能全悟完修而成道流禍至於人人易視仙道而輕談僧人小　予亦正欲均詳而直論之夫旣視仙道爲不足證

謂炁爲長生之本有命之蒂也宰不以神受長生之果者乎有性之根將謂神爲修長生之主宰不以炁定長生之基者乎一日戶部郎四愚張公名學懋來沖虛子道隱齋中問曰此四句是如何說伍子答曰此性命雙修之說也炁爲長生本者言先天炁卽眞陽之精世人耗盡此精炁則能喪命返還得此精炁則能長生所以古云氣是添年藥又云留得陽精決定長生是也我言學者要知長生之本爲先天精炁當知非容易可得者必由神而馭之而得長住長生則此長生之果唯是神長住之所受用者故說受長生

之果是神神為修長生主者言若不以元神主乎炁
便不得眞長生之元炁經云神行卽氣行神住卽氣
住我故說修長生之主是神然神非得炁定基而長
凝神入于炁穴則神隨空亡而無所長住而不能長
生必得眞炁為不死而後神隨之以不死雙修之理
少一不得少神則炁無主宰不定少炁則神墮頑空
不靈是炁也神也仙道之所以為雙修性命者也西山記云
雖知養性之理不悟修行之法則生亦不長
雖知修煉之方不得長生之道則修亦無驗且謂今
也以二炁為論所以明生人生仙佛之理也炁曰二者以其
先天炁及後天氣分二體而二其用也先天必因後
天而採取而烹煉而入穴凝神方能神炁合一後天
必因先天則有歸依有證果還伏而寂定唯二者當
並用故並論之然欲明生人之理其先後天之炁曰

生身曰成身皆以順行及住世世間亦皆順欲明生仙
佛之理其二炁隨神而返身中皆逆用而還伏爲靜
定寂滅而眞空若二炁不順行則人
不能生二炁不逆行則仙佛亦不生
藥物爲論所以
明脫死超生之功也
人生有必老病死之理唯眞精
元炁爲救老病死之藥物修煉
之而服食之除其老病
苦得不死而長生者
而火候集古爲經所以合羣
聖仙機列爲次第之宜也
世人皆知聖人傳藥不傳
火爲見薛道光之言故也
及我傳觀則見聖聖皆有傳火之言但不全言而皆
略郎我所說略于氣者我欲全言之又不敢下口便
下口言之而人未必信徽未必能用與不言等耳故
集眾聖之略言者而成我欲全言之志郎過去世高
眞上聖度世之言留爲未來世聖眞爲常行不易之
經故獨以經名永滅郤未來世言有候言無候者之

偏疑耳且如衆聖皆已言之精明愼密如此
非我臆說杜譔之言也眞有切于度世矣
喻築基論二炁漸證於不漏
定息還精炁謂之築基息定精還謂之基成不漏若有漏則不能爲胎神之基無漏則身可久生而爲伏炁胎神之法界也
借煉藥論二炁成一而不離
藥不煉則金木問隔煉之者金木合一火藥適均卽所謂相見結嬰兒者
闡伏炁論藏之內而不馳諸外
闡者前人皆秘而不言此獨闡揚直論之也外馳者炁散而神無所歸依伏者卽所謂若欲長生神炁相住之謂
雖反覆言炁而不見其繁立一名彰一義也
言後聖見名當思所以用實論義勿作世間時文套語忽過
煉已者論其成始成終之在眞我
眞我者是言已之本來面目卽元神

本性之別號也凡所爲採藥煉藥基之築成於始者皆由煉已證本來面目之成於始者卽所以修性于始也所爲伏炁胎息爲脫胎出神成還虛於終者皆由煉已證本來面目之成於終卽所以修性於終也始終皆是本性而成仙能復眞性者卽仙也非眞性者卽非仙也世世之愚人不知仙卽是性與佛卽是性同所以舉世談仙而莫知所學而亦莫有所成但仙聖始言煉已者以其有諸相對者是性之用於世法世念中而逆回者言之也終言煉神還虛者是性之無相對者獨還於虛無寂滅而言之也其實只是一箇性眞而已世之愚人墮于邪說外道者妄執邪見偏于談仙談佛謂仙不是性而佛是性謂佛畢竟與仙不同不信法華經所謂仙人授佛妙法如來因之成佛不信華嚴經所謂如來大仙道微妙難可知既不信佛言何必强談佛子謂不但不知仙不知佛併亦不知自已性而徒妄言誑語以惑世自墮可惜

于仙佛法海中不能專言神而不見其簡操一機貫
見一浮漚眞可憐也
一義也元神乎性主宰乎性命而雙修始也欲了命
為長生超劫之基則以性而配命為修固雙
修之一機終也欲了性為長生超劫運之性則以長
生之命配性而為修亦此雙修之一機也此正顯名
直捷全機簡
而不簡者也鼎器之論見神炁之互相依此即命依
性而了命
性依命而了性炁依神則
能化炁神依炁則能化神胎息之論密指胎其神而
息其炁此又合神炁而歸其妙化於神而虛者也胎
息
之初煉炁以化成神即經所謂不出不入自然常住
者如佛之龍宮一定七日菩提樹下一定七日仙曰
胎圓佛曰滅盡定及陽神出現仙曰出神佛曰始成
正覺如來出現從此此皆名頓法仙曰煉神還虛佛曰

虛空界盡我此修行然無有盡此皆神而虛無之極境也所以能超過天地劫運者仙佛皆要如此而後可

如此語成九章道明無極復以曹老師昔為我淺說道原者發明之亦成一篇冠之直論之首先揭其大綱曹老師昔云古聖所言修行之事及我素所言者皆節目即儒家所謂人道之當然者我今再為爾淺說其道之原即儒家所謂天道之所以然者若知人而不知天也不可何也凡曰大修行非止於了此一生之事而已必要證無上之上上先要知大道所以然之眞而後修得證所以然之妙始可信心直行到極處不然何所往而何所證豈不悞大聖大眞之大志哉我今亦揭道之原發明于篇首以示修行之總綱而道體之全已盡精微於直論又致廣大於淺

說且廣大之不廢詳精微之不廢捷凡廣大之言皆止於大畧唯淺說之廣大而兼詳明無疎畧處凡精微之言皆近於隱秘或煩瑣唯直論之精微而更捷要無隱煩處二者全備出世而世始全仙道矣予論說全備成書眞足為世之鑒觀者雖有奸邪棍黨欺誑世之初學淺見謂妙訣不載書必要我口授方知秘法斯言固足取信于人以施邪計若有志學者必要得是書而先觀之則求道有指示而人不可欺以邪已得眞傳仙道者而後觀之則有印證而可知立妙之所以然而當然已行眞仙正道而後觀者則所行與道合不合其功成不成有所考據若所聞所行合是書卽可信可成若不合是書卽必不可信必無可成所以孔子云夏殷之禮吾能言杞宋不足徵文不足也子思云上焉無徵不信下焉不尊不信而謂直論全書可少乎哉故陳泥丸

亦云若未逢師且看詩詩中藏訣好修持倘有不徹雖然未到蓬萊路也得人間死較遲是也

諸書之簡語

語簡而少必不能發明至玄妙之大道學者何以得徹悟抱朴子亦云五千言雖出于老子其中不肯全舉其事誦而不得要道直爲徒勞耳文子莊子尹喜之文章永無至言或齊生死爲無異或以存活爲勞役殂歿爲休息其去神仙已千萬億里遠矣必當從此證會其全

古仙佛諸書皆詳一而畧一如仙書祗詳言煉精化炁以出欲界曰採取曰烹煉曰成丹曰服食至於十月之煉炁但曰守中不盡其化神之說此皆書之所簡也如佛書秖詳言禪定色界四禪之理用之以出色界卽仙之煉炁轉神入定也至于欲界離欲除婬如仙之煉精化炁者但曰不除婬修禪定如蒸砂石終不成飯如來涅槃何路修證明明言婬之當戒而不言婬機身心何以得所婬根何以得斷

而成徧證通不如之阿羅漢而是語之所以簡也我故曰佛言詳於終而畧於始所以無始者必無終仙言詳於始而畧於終所以有安於成始而忽於成終者有之亦即此序所謂詳焉畧神詳神畧焉者我見諸書俱是如此故以煉精煉焉化焉化神而全言之又煉神還虛爲超出無色界之所必由皆爲從前仙聖之所畧言者但曰九年面壁我乃以大定常定之至玄至妙者而歷歷全言全之又全願後之人人得與仙佛齊肩皆從此直論一書悟入

有不悟諸書之隱言

言隱則擬議者難以知隱即喻也如參同契之喻乾坤喻坎離如喻日月喻水火如喻彼我喻男女喻夫婦如喻龍虎喻烏兎喻龜蛇如喻藥物喻鉛汞喻金木如喻甲庚乙辛喻丙丁壬癸喻戊己喻火候喻鼎器如此多喻即今人能以喻悟正猶且難知無奈妖人又且借喻叛正以惑學者人將何以參悟哉故抱朴子云考覽奇書既不少

矣卒多隱語難以卒解而意人
之所疑又無可諮問是也
必當從此證鑽其顯身
中只有精炁神三寶為得生之本此論所說神與精
秪用先天忌至後天而炁不能無先後天之分用此
語說得何等顯明心印經曰上藥三品神與炁精已
直言之矣百日內之理我顯言精炁神者亦遵之也
養胎定神只有神炁二者胎息經曰若欲長生神炁
相住已直言之矣為十月內之理我於此顯言神炁
者亦祖述之也固不敢巧立約言以為顯又不敢重
立喻言而終成不顯熟計古昔諸書近于有道之世
可易明易悟雖借喻言亦無害今之世傍門邪說橫
行偏滿天下各立門戶借喻誑人令學者無所從由
於此不可復用喻言之世不得不顯言直論以開正
門闢正路接引後聖而易悟入我之願也敢不勉焉
而直論
之哉
讀此者了然解悟
後聖得直論而讀者必得
頓然解悟我以四十餘年

究竟之力而悟後聖不終三日徹見而
徹知并解悟二經之法旨不太便益耶則其超凡入
聖端在茲乎古人有一字之師有一句之師曾謂此
論註已六萬言矣不可師教未來際聖
眞哉卽其解悟能由于此修證時
亦必由于此矣其因果必不昧

大明崇禎十二年己卯秋丘眞人門下第八派分符
領節弟子沖虛伍守陽序於南都燈市道隱齋中

天仙正理直論增註

大明萬歷中睿帝閣下吉王國師維摩大夫李子

三教逸民南昌縣辟邪里人沖虛子伍守陽譔并註

同祖堂弟同師弟眞陽子伍守虛同註

道原淺說篇

本曹還陽老師平常言教之目門下伍子發明爲總綱

伍子道原淺說發明曰仙家修道爲仙初證則長生不死伍眞陽註云人人同此生有長其生而不死者乃仙宗有修有證之聖人也與無修證有生死之凡夫不同所以欲高出于人之上者不可無修證也修之初煉身中之元精不離元炁而復還化元炁

古聖謂之煉精化炁煉到炁足即爲初修之證炁果足而無漏竅便長生不死成漏盡神通出欲界矣此由築基之果成鍾離眞人傳道集謂是初學之小成是也○昔吉王太和問曰人言長生不死最難得者最大之事老師今淺明言之但曰初證者請再詳之沖虛子曰初修煉腎中眞陽之元精謂之築基陽精煉得不漏而返成炁漸修漸補得元炁足如童子之完體方是築基成者基成則永無漏之果從此始故曰初證此由百日之得果也後而有十月化神九年還虛正是大事與天地同久正得大果謂之大成者是也世人不知後證之大只止于此便以此爲大故呂祖云修命不修性如何能入聖以其神不通靈故又言壽同天地一愚夫是也太和曰今聞教始知天仙之道爲至大極證則統理乾坤眞陽曰由色界之修證而上歷無色界之修證而超出永與虛空同體證天仙矣鍾離眞人謂之中成大

成是也得到天仙卽理天上之事與天地同長久丘
眞人云寸地尺天皆有所轄無空隙處是也○昔吉
王殿下問曰天仙虛無之極如何統理乾坤沖虛子
曰初修時主顚倒乾坤主天地交泰亦是統理之始
道成時如太上三大天尊之主玉清上清太清者玉
帝爲萬天之主者玄帝之北極鎭天者東華之帝東
方者世尊在西天救世度人者天官管天地官管地
水官管水者三清有九霄三十六洞天之理者有二
十四治之理者如張天師管陽平治之類壓世之下
有八十一洞天之理者有五嶽之主者唐李靖主中
嶽者漢張子房主玉屋山者許旌陽爲丹臺宮主者
王喜先生爲蓬萊上島主者涓子爲中島主者陳搏
爲蓬萊下島主者鍾離眞人爲南洲講法師者邵堅
爲匡廬山主楊太君爲天臺山主三茅眞君主三元
罪福事此皆出于太清玉華仙書之說及世人傳誦
者以此觀之丘眞人之言亦先發明之者矣王曰是

古今人人羨慕而願學者世聞仙能不死又有神通誰不羨慕又見紫陽云學仙須是學天仙唯有金丹最的端誰不願學又因果經云佛敕父王曰我欲出家爲有四願願不老願恆少壯願無病願不死此見仙佛同願但道理精深人人未必能曉古聖高眞借法象爲喩而法象實非眞我性命權指身心粗迹之近于已者以示人而實悟入于未有身未有心之上斯所謂精深也後世人遂以法象而執之如銅人身上用針灸何以愈人身之病所隔者遠也遂冒認身心而揣摩如將甘蔗囫圇一吞抑何得有眞滋味此由未能曉之故也予欲爲衆淺說之以發明前聖之所未發者前所未發者亦多如煉神還虛之理如煉精止火之機如辨採藥之何爲眞清如剖周天之何爲大何爲小如超脫以五龍之捧如常定喩乳哺之養兒

皆是今皆有發明精切語夫所謂道者道字即人所以生死所以修證必然由之而不可無者不可不知者是人所以得生之理道之用于化生謂之精炁神化生而爲人之身故精炁神之化生人即是道之化生人而所以養生致死之由既生有其身由精炁神盛旺則生得所養而全天年由道也精炁神衰竭則形枯而致死亦由道之所致修道者是即此得生之理保而還初使之長其生而不死之法眞陽曰按昔太上養生胎息氣經云精全氣全精洩氣洩唯精與氣須保全眞是此義也故此書亦直說修煉精炁神保守眞元補還具足如初即所謂三眞三全必定神仙是也得生之理者一陰一陽爲一性一命二者全而爲人也眞陽曰既性命雙全

方成得一箇人亦必性命雙修方成得箇仙佛未有二者不全而能成人成仙佛必以順之成人者以逆成仙佛所以知為仙佛由于為人

何以謂之陰陽性命當未有天地未有人身之先總屬虛無如易所謂無極而太極時也眞陽曰太極是一炁之極至處無極是一炁之極無處無極在太極之先太極雖有一炁無陰陽動靜所謂鴻濛未判之時也未分陰陽動靜也無中恍惚若有一炁正言鴻濛未判而將判者判言分也是名道炁亦名先天炁以恍惚將判言先天炁必如此時此懸象之炁方是虛之極靜之篤者為至清可煉金丹之藥物不如是炁非先天此炁久靜而一漸動而分陽而浮為天比如人之有性也陰而沉

爲地比如人之有命也沖云此言陰陽性命皆在動分後說的不兼靜一說吉王問曰動分已與靜爲二矣動後又可于動言分陰陽爲二乎沖云古云一生二二生三見得是如此便說如此陽動極而靜陰靜極而動動靜原是循環不已的陰陽相交之氣而遂生人陰陽不交則天地不能生无炁之人必不能修无元炁之仙佛必陰陽二炁交而後生人生仙佛也則人之所得爲生者有陰陽二炁之全有立性立命之理故曰人身一小天地者也此結上陰陽性命之說以下正說修行之事稟此陰陽二炁順行隨其自然之變化則生人逆而返還修自然之理則成仙成佛是以

有三次變化而人道全人道者生身成人之道也一次變化是父母初交二炁合爲一炁而成胎也二次變化者是胎完十月有炁爲命有神爲性而將產也三次變化者是產後長大成人精炁盛極十六歲時也謂之三變者亦有三關修煉而仙道得初關煉精化炁中關煉炁化神上關煉神還虛謂之三關修煉而所以成仙者順行人道之三變者言一變之關自無炁而合爲一炁也父母二炁初合一於胞中只是先天一炁不名神炁此時母胞胎中無呼吸元神及長似形胎之長似有人形微有氣似呼吸而未成呼吸正神氣將判未判之時及已成呼吸而隨母呼吸則

神炁已判而未圓滿之時（胎之十月未滿）但已判爲二卽是後天（此之二非離一而爲二是一之顯然似有二之理二尚精微而未成粗迹從此以漸長胎之時）斯時也始欲立心立腎（胎中漸生五臟漸分立心腎之形）而欲立性立命矣（有心卽其有性之元有腎卽其有命之元）神已因藏之於心炁已因藏之於臍（神卽性是心中所有固不離于心炁卽命是腎中本有固不離于腎）及至手足舉動翻身而口亦有啼聲者十月足矣則神氣在胎中已全此二一變之關言一分爲二也出胎時先天之炁仍在臍後天之氣在口鼻而口鼻呼吸亦與

臍相連貫先天之神仍在心發而馳逐為情欲由是炁神雖二總同心之動靜為循環此言性有動靜命亦有動靜即前所謂一分二二亦有動靜之說如人之睡時炁也靜性也靜及其覺時本炁之覺炁也動性也動即後所謂神炁同動者儒亦言氣一則動志者似此年至十六歲神識全矣精炁盛矣到此則三變之關在焉或有時而炁透陽關炁根元炁之動于中未有不發散馳于外者故則情欲之神亦到陽關亦是常行之處謂之熟境到陽關神有通天徹地之能亦有知內知外之能內外總攝于一神內有動神也知外有動神也知馳于知外世人多墮于世事神炁相合則順行為生人之本此炁

化精時也謂之三變者如此修煉三關者使精返爲炁即百日關中築基之工也法華經中佛亦說百日之期炁煉爲神即十月關中轉神入定之工也神還爲虛九年面壁之大定也即是從三變返到二變從二變返到一變從一變轉到虛無之位是爲天仙矣由此虛之而又虛虛到無極便是天仙陞遷到極尊處此處合用修煉之工三變者已前是說人所以得生之理自然順行者自修煉三關已後俱說使之長生不死者說到此是說人真修實悟之時至必當用修煉之工不可不知正宜淺說之者此下皆淺說性命之道淺說修煉之工夫炁與神皆有動靜自此至而已耗精者之修也止一大段詳言成

仙佛之眞宗大修行之全旨直論中之總要合宗語錄之秘機機提綱於此盡之矣而靜極之際正有動機動之機頓然之覺不着世事故言機炁動即有神動時至神知也神不知便教當面錯過即此動機便可修仙炁動而化精行世法而耗盡以死者之必致眞人即于動而還靜之爲修以不死機者雖若動而不爲動用方可逆修而爲仙緣此機爲生人生仙佛之分路分路者分順逆之行也機動時順此機而行即以生人逆轉動而還靜即成仙佛故道經云動者靜之基佛祖云若要眞不動動上有不動入死入生之要關動機乃人之可生可死者蓋人之求長生者緊要的炁機既以屬動將欲出陽關而爲後天之精者陳泥丸曰子時炁到尾閭關道藏經

云精者妙物眞人長生根此太上胎息氣經語也黃庭經亦云留胎止精可長生

正言此未成後天精質之先天炁名元精者是也

先天炁即元精夫此炁雖動不得神宰之而順亦不成精如童子輩有眞陽之炁亦不無動靜但神旡妄覺不能宰之何曾成精不得神宰之而逆亦不返炁呂祖眞人云龍虎不交安得黃芽黃芽旣無安得大藥修仙者於此逆修不令其出陽關鍾離眞人云勒陽關則還元煉藥即因身中之炁機合以神機元炁發動之機元神妙覺之機收藏於內返歸于元炁之根而行身中之妙運採取烹煉皆此時至妙之運用以呼吸之氣而留

戀神炁黃庭經云呼吸元炁以求仙方得神炁不離則有小周天之氣候夫小周天云者天之周圍三百六十五度有零只是一箇天无二天何有小大之異名以用者小其機故名曰小言取象于子丑寅十二時如周一日之天也一日天之行周十二時之名神炁配合時氣之行住亦若周十二時之候也然炁有行住必有起止氣之爲物不能偏于行不免于住不能偏于住不免于行故道一禪師亦云未有行而不住未有住而不行住而曰不離這箇是以這箇行住即不離這箇行住猶有起止白玉蟾云起于虛危穴以虛危宿在坎宮子位也起于是亦止于是亦爲一周天也如是則行所當行住所當住起所當起止所當止也氣行有數忌其太多數者同于周天者周

于天則動者已復靜矣再多則着于拘滯徒爲廢時失事于理無益氣行有時忌其太久時即數之義周天十二時候非有時亦不拘着于時但取象于時以爲節制程限耳又陳朝元曰凡煉丹隨子時陽氣生而起火則火力方全餘時起火不得或太久或不及皆火力不全不使之似於單播弄後天氣者恐以滯其先天炁之生機故也生機滯則後天呼吸無所施後天炁用之不已而先天炁不生古云鼎內若無眞種子猶將水火煑空鐺是也此修仙之至緊至秘之工故以周天三百六十限之雖曰周天實非天也心中妙用畧有似于天之周數爲妙用之程限者子行三十六積得陽爻一百八十數午行二十

四合得陰爻一百二十數五位陽爻用九也故共一百八十者除卯時不同爻用五位陰爻用六也故共一百二十者除酉時不同爻用以卯酉行沐浴以養之古聖不輕傳火故云沐浴不行火今此說云行沐浴非異也不行者不行其所有事行者行其所無事學者當知其有妙用若還持疑不決請看鍾離眞人所云一年沐浴防危險者已言矣運此周天積累動炁以完先天純陽眞炁一炁火候運一炁周天之數已完足一周則眞精眞炁歸復于命根而愈旺其發動生長之機此只是眞炁在根本處自純陽不失非從外得有所增補積累故凡一動則一煉而周使機之動而復動者則煉而復煉周而復周此言凡遇有一動之炁即要煉之以完一周天若一天不煉則

眞炁不長旺而速于神化又不可一周完積之不過而不歇雖无大害亦遲其動機爲无益也

百日則精不漏而返炁矣古云百日築基煉精化炁是大概之言也或以七八十日得炁足或五六十日得炁足功勤不差者易得年少者亦易得此三關返二之理

已返到撲地聲離胎七竅未開神識未動眞炁在臍之境也此四句言人初出母胎時是如此及今逆修時用完百日小周天之工方得眞炁足似如此

所以廬江李虛奄眞人曰陽關一閉箇箇長生言得長生之基也眞陽曰陽精元炁總爲一身發生之根皆有耗折之理獨嬰欲枉折之多而致死之速由敗于陽關陽關者陽精出入之關也出之則耗而死入之則精自滿而得長其生始也我

主宰閉之不令出及滿足則關自閉矣凡有精則求出路無精以通路固自閉如儒家所謂用之而成路不用則茅塞之矣之說似故吾師祖李眞人云修到一閉卽得長生人人得閉人人長生無有異者吾兄沖虛云從此得長其生爲始便永得長生與天地齊其壽量之基也李師祖及我弟兄三人皆淺直切言之凡長生必由于一閉得一閉如此便得眞長生不能閉便不得長生求長生者當于此勉之求之昔石杏林眞人求師後云得師訣來便知此身可不死知此丹必可成　精旣返而成炁則無復有精矣无精是炁因靜定之久不復動而化精婬根縮如小童子所謂返老還爲童體者是如此故佛家華嚴經亦云成就如來馬陰藏相是也如有精則未及證於盡返炁也眞陽曰有精卽是有漏之軀全無一點精方是無漏之軀世有一等人雖未行婬事而不

洩精只名節慾不名無漏今之出家僻處持五戒以禁婬者是也猶有可漏精者在如玉通禪師往虎丘四十年持戒禁婬竟敗精于紅蓮妓者之于拜此也無實果之案也觀其死即隨之又不能了生死之案也○吉王問曰眞無漏者如何驗知沖虛云眞無漏則陰縮如小童子絕無舉動絕無生精之理焉有漏始得成有修有證之漏盡通也若人老而陰縮者是陽炁殘而痿矣無精者是精已枯竭矣從生身來稟賦得陽炁微弱所致不可誤認爲修證若人到衰老時求修證必要補精到能洩精地位而後始有可長生之機切不可誤至於老來鉛汞少者也

則亦無復有此一竅矣如有竅則未及證於眞無漏也此一竅是精所出之處也精盡化炁不須用出路故死竅若有一竅在猶可漏精則炁未得足者可知矣昔長沙王星垣殿下問曰何以知精滿盡化成炁而不漏

沖虛云眞實修煉之人精已煉成炁者便有止火之候自到此此是无精之靈應也則無竅矣此無竅無漏

方眞炁亦不得死守於臍矣若只守於臍而不超脫眞過關此時始有眞炁過三關得眞炁者名得金丹大藥過三關者名曰服食逆上三關名曰飛昇不過暫有少得長其生之初基而爲人仙也未能永劫長生吉王太和殿下曾問曰得長生皆曰一得永得何故今言暫得永得之不同沖虛子曰一得而能決烈向上則有上之所證而永劫長生形神俱妙頓超劫運矣若言我已得到此果更又何爲止于此不過少得初基而已又必須于守護方是人仙不死若更行婬欲漏卻一點陽精猶是有漏凡夫生死不能逃者可不勉而究之哉故有遷移之法古人所謂移爐換鼎

之喻者是也施祖施肩吾眞人亦呂祖之師鍾離正陽眞人呂純陽眞人之度師

呂祖純陽眞人三仙傳道集所謂三遷者此當用其一遷矣吉王太和殿下問三遷之說沖虛子云按鍾離答純陽論還丹云還還者往而有所歸丹者丹田也丹田有三炁在中丹神在上丹精在下丹自下田遷至中田中田遷至上田上田遷出天門是爲三遷功成既自下而上不復更有還矣吾見鍾離此語矣聞吾師之說同卽以七日口授天機

採其大藥七日者是採大藥七日之功也吉王太和殿下問曰初關百日採取烹煉于今日卽以七日採又曰採大藥從古至今不見于書全未聞此語請問何以藥稱大採之日數久暫何以異沖虛云此萬古不洩之仙機也百日之初雖曰採眞陽之精精絕无形又名眞陽之炁炁本無相古聖秖云虛

无之炁其所發生生則無形之形附于有形偏內外皆此炁之流行所曰採採則無採之採借火爲採不見有藥形迹唯知有火而已昔還陽老師引古語爲我云夾脊尾閭空寄信誠然是也此言前之採也精炁生動也是杳冥還返于靜也是杳冥火氣薰蒸百日之久故眞炁因之忽然似有可見故止後天氣之火唯單採先天炁之藥故另用七日之工採于七日之內火異于周天故曰七日口訣何故用火之異採之異因此時眞炁盡歸于命根矣雖有動猶不離于動處秖在內而不馳于外用則無火之火無候之候也此爲異也其所用以化神還虛之大事始此所證以長生超劫神通無極之大果始此故名大藥即前所採虛无之炁所得所證之實相也

取得下田先天眞炁名曰金丹

丘長春眞人云煉精爲丹而後純陽炁足煉炁成神而後眞靈神化超凡入聖棄殼昇仙而曰超脫萬世神仙

不易之法也此曰金丹即所謂大藥用以服食飛昇拔宅者皆此耳吉王太和殿下問曰我聞砂鉛爐火中所成者曰金丹世人共知皆貪學而求服食者今仙道修煉身中自有之炁神亦曰金丹曰服食由何故沖虛曰坎腎屬水精出于腎亦屬水也水由炁化精亦由炁化金能生水故生精之炁喻金炁化精時則有炁在精中故曰母藏子腹如精在水中精復于炁故曰水中金當修煉之初如從根發出苗生而爲藥乃虛無之炁耳實無形相而虛無恍然採取不見有所採取者故不曰服食採取之久火候之足精還補炁之盛謂之外丹成其炁之發生始有法成之妙相而純陽之炁根始動以其是金炁也故曰金丹即是外丹初時陽炁發生出于身外爲精既返精于炁不生于外而唯實生于内得此炁生轉而逆上三關度鵲橋而下重樓經喉咽中如食故曰服食然服食二字本草言藥之可

食如心服之服義同世人因此曰金丹外丹遂冒稱砂鉛之丹爲即此之外丹因此曰服食遂冒稱砂鉛之丹可服食所以自求者皆誤認爲人謀者皆誑語後學宜辨之吉王曰今而後始知世煉砂鉛求服食者爲至愚貪求不已者猶爲下愚不移者可不明辨而改圖哉

待到尾閭界地

眞陽曰尾閭者二十四椎脊骨下盡處界地者三岔之路上通丹田下之前通外腎竅下之後通尾閭昔曹老師先上蒲團先得大藥用七日之功到五日之間忽丹田如火珠直馳上心即回下馳向外腎邊無竅可出即轉馳向尾閭沖關此皆眞炁自家妙用非由人力所致但到關邊必用口授天機方纔過得關去

乘其眞炁自然沖關向上之機

太和曰何以得自然沖關向上沖曰平日指引之力多故也

加以五龍捧聖之秘

按玄帝修于武當山于搖身崖下搖其凡身以

玉龍捧其聖體升于萬仞崖上當知此此爲超凡入聖一大妙喻也葢玄言北方之色言坎腎也借帝喻我之嬰兒言水中之靈寶也五龍者工法中之秘機五龍捧玄帝上昇卽是以秘法捧眞陽大藥上三關轉頂之喻

轉尾閭夾脊玉枕三關

吉王太和問曰前云三關是初中上此云是尾脊枕爲三請示曰轉者以何爲沖虛曰前云三關虛擬其出三界之次第此云三關實指所必由之路華嚴經云踐如來所行之道不遲不速審諦經行者卽此也其道在背脊二十四椎間之兩頭反中也關者緊要當行之路而又爲難行之喻故名之尾閭者卽關之義尾爲脊骨下盡處脊有中左右三竅髓實不通呼吸之行乃盡于尾尾之下則竅虛而氣液皆通虛實原以不相同故名下鵲橋用秘法天機以通之令炁得轉運夾脊者腰與脊之異名處玉枕者椎骨之上盡處也轉之者古云一孔玄關竅三關要路

頭忽然輕運動神水自然流蕭紫虛眞人云河車搬運上崑山不動纖毫到玉關妙在入門牢閉鎖陰陽一炁自循環此即轉義也**已通九竅**眞陽曰每一關有中左右三竅左右者古云兩條白脈又云黃赤二道爲日月並行之道也三關則有九竅故丘祖門下徐復陽眞人云鐵鼓三三全憑一箭機佛宗人亦云九重鐵鼓又云九曲黃河曹溪西江洞水者皆是**直灌頂門**按諸佛諸菩薩初修皆有水灌頂即此妙喻**夾鼻牽牛過鵲橋**牛性主于鼻防牛之妄走故牽鼻鼻使由于當行之道鵲橋者鼻上路不相通之處即催公入藥鏡所謂上鵲橋也何爲不相通蓋鼻上之路實氣不常行者鼻下之路虛乃氣所常行者虛實不相通故有妙法秘機以通喻曰鵲橋亦有大危險在也詳在後語錄中矣**下重樓**喉之十二重樓也**而入中丹田神室之中而**

亦通徹於下田若合中下為一者堂姪太一問人中田宜如何用工沖

虛曰昔曹老師云下重樓而服食之是得坎實點化離陰名乾坤交姤也正是中丹田事所行大周天之火候火原是在下之物卻合下田而行者雖合下而用時時充滿虛空此便見合中下成一箇虛空大境界卽有升降時而眞我不動之元性猶在于合下之內故世尊坐于菩提樹下而上升須彌頂升叨利天升兜率陀天說法而亦不離于菩提本座者與此同此華嚴經之說也又大集經云佛成正覺于欲色天二界中間化七寶坊如大千世界十方佛刹為諸菩薩顯說甚深佛法令法久住者皆同此意世有人因古言心下腎上處肝西肺左中遂擬議着在臍之上有一穴如此則無根可歸殆非也

以行大周天之氣候此以後火候名大周天與百日小周天者不同故古人云自後仍吹無孔笛從

今別鼓
沒絃琴

大周天者如一日實周一天也一符如是十百千萬符皆如是一時如是三千六百時亦皆如是以周十月之天也

吉王殿下太和問曰何爲有大小周天之異名沖虛曰天固一也而所用之工有大小之異也小者有間大周則無間矣小者有時大周則無時矣小者有數大周則無數矣何爲有間有時有數无間无時无數答曰古云運罷河車君再睡來朝依舊接天機言有間也古云子午工是火候卯時沐浴酉時同言有時也古云二百一十六用在陽時一百四十四行于陰候言有數也古云工夫常不間定息號靈胎言无間也古云晝夜晨昏看火候言無時也古云不在吹噓并數息天然言無數也此煉炁化神必然之候爲大周天之妙用也初時一瞬一息爲周一天至一刻爲一瞬息周一天

至一時爲一瞬息周一天至一日十日一月十月爲一瞬息周一天元炁隨呼吸氣而俱住俱無不似小周天之一時三十六二十四周于天者之可易行也非大而何懷胎煉炁化神入定者之候如此其中有三月定力而能不食世味者有四月五月而或多月始能不食者三月之久卽能不食是入定之功勤者四五月多月之久始能不食功夫少者得證果遲唯絕食之證速則得定出定亦速食爲陰有一分陰在則用一分食分絕食遲陰未盡則不仙分食未絕亦不成仙者則得定出定亦遲所以然者由定而太和元炁充於中則不見有饑何用食又必定心堅確故得定易

而有七月者有八九月十月而得定者若定心散亂故得定難而有十月之外者及不可計數之月而始得定者即歇氣多時火冷丹力遲之說也今以十月得大定者言之其中又有神胎將完第八九箇月十箇月之時外景頗多外景者乘陰爲魔也此時或有一二分陰未消得盡若有一分陰在即有一分魔來或見奇異世俗中平日所無者而今始有一見之謂之奇異乃見之魔眼可見而見者曰外魔曰邪魔曰天魔眼不可見而心見者曰陰魔見而喜悅貪見則着魔矣見而不見則不着魔矣或聞奇異此聞魔也不見不聞爲定聞爲魔則亂定者喜其異聞而貪聞之則着魔

聞而不聞則不着魔

或有可喜事物世法中平日所有者或已遇過之熟境已掃去而復偶有故曰可喜可懼可信如此下三者可喜者聲色富貴玩好受用皆是皆勿貪喜

或有可懼事物可懼亦非一水火刀兵劫殺打罵一切驚恐皆是皆不可妄生懼心

或有可信事物平常或有願望而欲求者或欲求而未得者今若遂願若應求爲理之可信如山東張先生在園中見天魔而誤信爲身外有身之類者餘倣此

或有心生妄念上五者是外來之魔此一句言心之妄无故而妄想所生佛宗人謂之陰魔又謂之陰蓋

或有奉上帝高眞眾聖法旨而來試道行四十九章經云諸天仙人來試或試以所欲或試以所不欲或試以所難或試以所畏試之過者諸天保舉是謂得道

或張妖邪

魔力而來盜眞炁如狐精化美女媚侵奪炁等事皆是凡此一切不論心妄見魔若心中生一妄則急提正念而妄自无若眼前見一魔亦急提正念不應魔而魔自退去矣果邪果試一切不着俱以正念掃去四十九章經云不與羣魔競來者自返戈丁靈陽云靜中抑按功深或見有仙佛鬼神樓臺光彩一切境界見前不得起心憎愛俞玉吾云任他千變萬化一心不動萬邪自退如鍾離眞人試呂純陽以十魔呂眞人皆無着又如公以朽索懸大石于費長房座上之梁有大蛇嚙索將斷令石壓費不爲之懼而正念長存此眞降魔之明案也只用正念以煉炁化神自然得至呼吸絕而無魔矣眞陽曰有呼吸未盡之定卽是陰未絕盡而陽未純故魔可來到呼吸絕而陰盡純陽則神全

大定不用見聞知覺于外則魔不能干犯我不用見魔亦不見于我我不用聞魔亦不聞于我故呼吸絕者自無魔矣

昔丘長春老祖師掃去魔後曾云魔過一次長福力一次魔過十分長福力十分每當過一番魔心上愈明一番性愈靈一遍

此七句是我本宗老祖師丘眞人之言也沖虛子引證降魔之案○按丘祖每只爲福小不能心定當過二番死魔二次飛石打折三根肋骨又險死撲折三番臂膊恁般魔障皆不動心越生苦志○沖虛子昔于謝家住七十八日被火災所魔以所賣家產千餘金并九轉之力備以入山住靜供護眾居食之資者盡爲所毀當此急用之需慨然盡棄而不救亦爲當過此魔而已有友云何不救雖少得亦可答曰有丘祖案在修行岸頭原不動心與魔應棄物同於

（棄家千餘金何足重）此修士所以不可不知者既得呼吸無則氣不漏而同炁返純神則無復有炁與氣矣如有炁則呼吸雖暫似無漏未爲眞絕也（呼吸少定而未絕則神隨之亦只少定而未大定此時正宜綿密工夫直入大定而純神若有出入間斷卽同走丹）必至無炁而後已（眞炁大藥服食已盡是炁已大定矣則神全而亦大定煉炁化神之事始畢矣）此第二關返一之理如此正已返到如父母初交入胞之境矣但父母初交時只虛無之炁神未分于炁中也此則炁返合於神只存一虛無之神在焉（此直說分剖入胎神胎之

所以然神已純全胎已滿足必不可久留於胎昔藍養素于南嶽山養胎既成而不能出劉海蟾以李玉谿十詠寄之指示脫胎出神養素撫掌大笑而出此見胎之必不可久留亦見暗中有聖賢提撕者○沖曰胎者形也久留在胎局于形中而不超脫者其炁之滅盡定者猶可離定而為動動則同于屍果之果而已神之定者亦離定而動胎脫則神離形在虛空之境矣神還虛空而極虛空則虛空安有壞耶夫自其脫精成炁為入胎之始脫炁氣而成神為成胎之終炁不入于胎猶可復為精也以未超脫其精之境也神不出于虛空猶可動其定而馳逐其氣也以未超脫其炁氣之境也故李曹二眞人曰不超不脫神不來言必出神而後得神仙以向天仙也如子胎十月形全則生神胎十月神全則出理勢之必至也此

則再用遷法以神之不長着於中下而離着自中下而遷于上丹田前之初關中關皆是三田反覆化炁于下亦由上而中而下及化神轉上而居中中原是虛境无所拘着而若不遠于炁根故云合中下皆在虛境之內卽世尊寶塔從地湧出在虛空中之說也上丹田者頂門邊之泥丸宮也旣成純神則謂之見性神之靜體謂之性性之大用及通而無障礙處謂之神古云性在泥丸命在臍也**以加三年乳哺九年大定煉神而還虛也**乳哺者養出胎之子也爲養神之喻也仙以得定成神雖得定乃初有所得未能久定乳哺以加養使神能大定而久也還虛者炁久定而絕無神不必用乳哺之時蓋由煉炁之初神爲主令而定其炁知有神也故曰化神炁大定神亦大定神不用使令而若无神故曰虛正無法無備者

之謂也當此遷上之時非只拘神在軀殼之上猶似壽同天地之愚夫者在軀殼則非虛還虛者不着于軀殼古云入金石無礙者有軀殼則有礙出軀殼之神至虛故無礙愚夫者性不靈而無神通之謂也須用出神之理調神出殼而爲身外之身調神出殼是一至要之機有大危險之際初調其出而即入不令出久亦不令見聞于遠境調之久其出可漸久而後入亦可漸見聞乎遠境而後入不調者恐驟出外馳而迷失本性凡初出者必調依師度法出神有當出之景及所出之理自上田出念於身外自身外收念於上田一出一收漸出漸熟漸哺漸足如是謂之乳哺三年而神圓可以千

變萬化可以達地通天可以超海移山可以救水救旱濟世安民誅邪除害任其所爲皆一神所運神變神化所以謂之神仙抱朴子云欲少留則且止而佐時欲昇騰則淩霄而輕舉○昔曹老師云修仙至于出神永無生死矣災與魔皆不相干初出神若一步而即入若二步而即入古亦云十步百步切宜照顧是也如此而後乳哺養神至于百千老成必三年而後可此時若欲在世護國安民也可救水救旱也可與念者無不是神通靈應便十百千萬億年劫如是也可若不欲在世如此即用面壁之理九年大定而後可與最上上乘仙佛齊肩矣從仙而還虛則又三遷至于天仙之虛境矣此正無極之至極處此皆十六歲以後至八八

六十四歲已化精而已耗精者之修也精既耗則消折者多必用工補滿而後能生眞炁轉運河車點化至神住胎入定如上所說又有童男未化精之修焉從來未行淫事精竅未通精未洩炁未耗者如集仙傳所云周從者泗州人也幼得道徐神翁曰我少而婚彼幼而得道其神全吾不及也又世尊爲太子在宮中娶三妃十年不行一淫姤晝夜只修禪觀者此皆謂之童眞又韋馱尊天經稱爲十九世童眞此三者皆同皆世所不知而亦欲淺說之者夫人自未生之前謂之胎既生之後謂之童胎出即爲童順而行之易童返修即是胎逆返修亦易仙道中最難得者是童體童體精炁完全不唯修之易其法力甚大有非修補精炁者之所能及歷年至于十六歲

炁足極矣炁已純陽精猶未漏是為全體之童乃其本體之自全而非用力修補湊合之所為古人云返老還童者還成如此不漏之全體而已修仙者多是已漏之精若以此為修必不成仙必有死有生而輪迴者故用初關築基工夫基成始與此童身相等而法力猶有所不及且童必至十六歲陽炁極而精將通未劫之世人人習為婬慾之風未至十四五六則有交姤之敗炁不旺而精不壯天而不壽者多矣此是世間愚人俗子輩不知所以為修行者若舉斯世設有一人舉一世或有一人者極言無仙材之人也踰十六而未漏者必為愚痴

不知婬慾之事不足以行道者也婬慾之事喪精耗炁而害道皆仙佛之所禁戒以修行大道不知婬慾之樂者必不知婬慾之害世間亦未有不知婬事者況十六歲之成人而猶不知乎此時而不行婬眞爲愚痴之甚而不知又或有一人能至十六炁極足而未漏此最易化神而成仙者也陽精之炁自足者免得用築基補精補炁之工以固有之炁煉之以化神卽成神仙而了道故曰易若有能得成仙者名曰童眞以童子之全體而成眞若緣分淺薄不遇聖師點化昔抱朴子曰按仙經云寶秘仙術雖有已在弟子中者尤擇其至精彌久而後告之以要訣況世人何能強以語之耶又不自知參究採此眞炁而煉爲神亦不

足以行道者也前生無積修功行故此生不遇聖師今生無修仙修佛之志何能參究天機爲凡俗混世虫耳故不足以行道百千萬年或有一人既足十六陽極之炁又有仙師密旨昔抱朴子曰按仙經云諸得道者在胎之中已含信道之性及生而有識心好其事必遭明師而得法因其未漏之炁不用煉精之工遂以七日天機秘法七日者煉精化炁築基成功之後採大藥之法童子從此起以後皆同于大人之法採得眞炁百日之工曰採眞炁乃微陽耳此無百日之工而炁自滿足于此採實足之眞炁卽所生之大藥採此眞炁而得卽得長生採不得此眞則不長生捧過三關九竅以行煉炁化神之工所以無煉精之工者正

以炁未化精而採之卽得炁未化精而洩漏則精炁本自滿足不待煉而亦可採採而必得所以世尊自修之工不用煉精只用色界四禪定爲始出本自滿足之炁獨盛旺勝于諸佛諸仙者皆以此故炁未化精者修之有四易易於時易於工易于財易於侶也易於時者不用百日之工百日工者煉精以化炁之工也炁既化精而順行洩漏者必用煉精還而爲炁既未化精則无用還炁之百日從七日而十月三年七日者採大藥眞炁之期也十月者行大周天火之期也三年者出神後而乳哺陽神之期也此止言成神仙之期未說天仙也可計之程也易於工者不用小周天採補薰蒸此卽說不用百日之工從採大藥服食

郎七日之工而胎神郎十月之工乳哺郎三年之工可必之果也程可計果可必者言此逐節工夫自粗而精自漸而頓可必其必至者如所謂果生枝上終期熟之說也易於財者自七日而十月三年可數之費也養胎者一人護法者二人或三計每人一日費銀二分三人則六四人則八最易數易於侶者護法之作侶也郎二人三人輩因童眞之神清而明清明者情慾之竇未開聲色樂佚之念未敗炁完而足筋骨堅強不衰敗死昏惰之氣用其護力而扶持顚危昏眊者少也純陽眞人云兌顚危要人叫斯謂之四易其炁已敗于化精者此又詳言十六歲以後壯年老年敗精者之修則必用煉精之工故有

四難難亦時工財侶也難於時者精已虛耗無大藥之生必採煉精以補精返炁而補炁則眞炁大藥始有所生多百日之關如有年之愈老則不能以百日而返足炁亦不能以百日而止工也或二百日或三百日未可知難於工者工曰百日有期內期外之不同期內者五六十日而得炁足者如曹老師五十日而得是也有七八十日而得炁足者如我以兩月半而足炁然其初尚有一月調習期外者過百日之外炁始足是以年之漸老則用工漸多如神已昏耗必先養其清明精炁已耗竭必先養其充實

豈朝夕之力而能然哉昔鍾離眞人道要云晚年奉道根源不固自覺虛損而旡不足十年之損止用一年功補之名曰採補還丹補之數足日漸以增名曰水火旣濟曰人仙是也古人教人得之者早修莫待老來鉛汞少者鉛少者元陽眞精眞炁之耗竭遂致有精乾者有陰痿者有氣喘者有腰脊痛折者有筋拘而膝不屈坐者或坐不能久聳直者皆是汞少者元神本性之昏沉或採取不能張主而精專或烹煉不能進退而終始皆迷惑錯誤者多而成眞火全候者少如此何以能百日而止工皆爲此也鉛汞旣少之時而奮志精修猶可望成還丹而證道有准經云八十尚還丹又曰百二十歲猶可還還若不決烈精進則墮有死之類而已故戒之曰莫待老昔馬自然曰此身不向今生度更向何生度此身難於財者以行道之

期久或百日或二百三百日日費之積多百日祇用百日之費或至二百日則多矣不可以數限也不可限以百日之費而爲二百三百日之給難於侶者用工日多則給使令之久扶顛危之事遂致護道未終或以日久功遲而疑生厭心有疑其功不知成否有疑不知何日成功或以身魔家難身魔者護法之身有病魔或有災異家難者護法人之父母妻子有大變故等事而變輕道念因有魔難遂變易護道之念此往往有之者矣抱朴子昔云爲道者病于方成而志不遂又觀古人所謂同志三人護相守又曰擇侶擇財求福地老君言諸小小山者皆不可于其中作金液神丹皆無正

神爲主多是木石之精千歲老物血食之鬼此皆邪氣不令人作福但能作禍○福地者抱朴子曰按仙經云可修行居者有華山泰山霍山恆山嵩山少室山長山太白山終南山女几山地姊山王屋山抱犢山安丘山潛山青城山峩眉山綏山雲臺山羅浮山陽駕山黃金山鼈祖山大小天台山四望山蓋竹山栝蒼山皆正神在其中若有道者登居之則山神叨福

而福地者不過不逢兵戈之亂不爲豪强之侵不近往來之衝

昔抱朴子曰按仙經云得道者與世人異路而行異處而止言不與交身不與雜○太上胎息氣經云凡修行切勿令人知人知名至則禍來不安

不至盜賊之擾

房舍華麗衣服鮮美飲食豐盛財物盈餘庫藏充滿家具器用奇巧皆招盜賊之由

略近城市易爲飲食之需

城市太遠買辦奔走煩難

恐護法要人多方有侍者必遠樹林絕其鳥鳳之聒昔許由以瓢掛于樹風擊之鳴由則棄瓢亦其一驗案也屋不踰丈丈室不能容衆僅足三五人居爲修行所若大恐盜賊可據爲穴故曰僅取蔽隔風雨爲止墻必重垣內外完固遮護惡虫惡獸之患爲得其宜也明暗適宜可令人護闢者得以舒暢不生疾病牀座厚褥褥厚者和輭而坐不生厭加以潔精芽茶淡飯禁戒甘旨葷腥專持素食宜遵四十九章經元始天尊法旨所云齋戒者道之根本法之津梁子欲學道清齋全戒衆生捨清淨耽葷羶而以觸法譬之餓鬼啗食死屍五味隨時五味者鹹酸甘淡油鹽醬醋之屬隨時者安其所遇隨有隨無不煩于搜索調養口腹飲食不宜過中有過則有傷害安靜氣體安居丈室而行住坐臥不爲世

務塵勞凡眞實修行者靜定其心先靜定其身亦易易事耳然亦古人之長慮也古人每有入室之事遺囑我今亦詳說入室事宜修士當預爲計畫免有違缺又有極口稱爲財不難兮侶卻難者是何也求財助道者或以自己家資變易而得或以外護出財助道而得何難蓋爲學道本皆智士而每人品不同或以德勝而行道之心不專或以志欲爲仙而德不足或以始雖勤而終則怠玉皇經懺文云求道未勤豈能成道或喜于談笑而問道若勤其力行實悟全無有天尊言知　吾道者復不能行行吾道者復不能久難至了道或初一遇待師家以杯茶便

問如何成黃芽黃芽若教如此易聞易得遍天地田土中盡長黃芽勝于稻芽麥芽飲師家以杯酒便問如何到了手若教了手以杯酒可換而得知了各酒店中人人皆是了手神仙故抱朴子云世間淺近之事猶不可坐待而知況神仙大事乎輕視如俚言之笑譚卽持譚笑之聞認爲得理鍾離眞人度純陽時純陽正爲九江府德化縣令棄官而隨鍾離尚有一詞云上告師尊弟子相隨七八年肩頭歷得皮開綻足下生瘡五七番並未蒙師一句言此詞在物外清音書中久矣既能棄官便見有蓋世志行猶執弟子之禮多年而後得聞道成道未有初遇便傳便聞之理如父教子之栽稻鋤麥者乎劉海蟾爲燕國宰相時鍾呂二眞人造府而度劉棄相而隨六十四歲也至六十九歲而聞道而後得成抑豈有輕易得傳者乎世

有光棍一見便傳者别有一故爲方士者詐設之假言及治一病之小工耳欲謀一日之飲食者欲纏綿取年月間之供給者欲誑取長久之衣食者非若此易言以速投其所好遂其愚見何以得心腹相投哉而謂天仙神仙大道亦可如是聞問爲哉或以好勝務奇而欲聞獨異于已稱獨勝於人徒務知道而不行道此一等人欲自誇得秘聞秘法勝于人者或有徒務博聞而唯自誇爲能士如遇一賓友曰能這件則亦曰這我也能遇一賓友曰能那件則亦曰那箇我也能不論邪正是非一概俱聞實無學道行道之志此一等人浮慕稱博絕非專學任旁門邪說不黜之爲非雖正理眞言亦不求

徹悟所以不能學道者高明眞師當愼言于此人又或有狡詐醫士學談道而涉獵卻病旁小坐功遇富貴者用藥無功又恐他人奪其主顧故傳以坐功而卻病爲鉤連擒拿之法耳何有於學道之心此一等人我遇之甚多所見皆是如此或本志不眞學道但借學道爲芳名而陰行不道之事不道者悖道之事也凡有口稱學仙道求長生不死遂遍語人曰我能仙道長生不死愚人遂信之及談之乃說用女人作此家不知其心實爲孿騙人家女子行姦婬之計耳又有口稱能煉丹服食不死能點金銀如山嶽之多哄騙愚人出本燒煉遂拐其本銀而逃皆不道也或以口稱學道知道行道

而心實不學不知不行者此不見張紫陽眞人所謂今生若不學修眞未必來生甚胎裏馬自然眞人云此身不向今生度更向何生度此身此等人當以二眞人之言自醒或以父母妻子恩愛太重而道念亦重欲割然修仙則恩愛不能盡捨玉皇經讖文云求度雖專尚多宿累○皇經集註云根念未固不能進修○太上靈寶大乘妙法蓮華眞經云今迷諸世網雖有眞心固不爲篤抱道不行而自望其頭不白者亦稀聞也欲繫戀恩愛又恐無常速到失卻千萬億刼難逢之道此謂兩持之心而亦兩失之心也心兩持則惑而无決必无成功而至于兩俱失必然之理無常速到道果得乎恩愛在乎所以

行道護道三人須要決地立志修德修道修德者即戒律中不殺不盜不婬不酒不妄語不綺語等皆是凡匡君護國救世安人救水救火救災救旱及以慈悲心救人患難疾苦貧窮饑寒等皆是於此前列假心學道數事辨得分明全無所犯不妨道行而後可稱同志自學道本皆智士句以來至後一曉一言知擇耶止一大段皆言有道之士訪外護同志之難及正道明師訪同志弟子之難者同志者能苦心修德誠心向道者方爲眞同心但侶之難於同志者於前十一款之外更有甚不可知之處又有難於擇者也以同志者未必出於一家一鄉而爲兩相素知若師先已得道出神者則眼見耳聞上可過色欲二十四

天之上同佛見聞色欲二界者普天之下以及諸地獄中皆可見聞凡有學道而願爲門下者皆不越所見聞之中若師家只得于遇仙傳道猶爲訪友訪弟子護道之謀者則難擇人也○出於一家者如曹還陽度親兄曹復陽如沖虛子傳堂弟太初堂姪太一是也出于一鄉者如還陽眞人度三里許之沖虛眞陽二人如眞陽度一里許之徒太和是也其根基性德素有相聞

如一身之德行不臧者暫遇之不識也不臧者卽儒家所言不善也人之善惡必久相處而後知言可用詐多聞其言善惡自露德可虛稱久稽所行之跡則善惡難掩

如一心之邪慝深邃者面交之難察也此輩人心中全是邪惡之念所行全是邪惡之事意圖神通及點化服食欲得勢力強大勝人假作尊師敬如祖父友慇懃問道此面交假局明師亦當明此

輩之基惡種禍者遠見之不及也祖與父以大惡爲基則孫與子未必肯爲善且前人之惡報身不盡必報及孫孫與子唯居近者而後知世世積若生各異方長各異地斯亦不能遠見也此皆上蒼之必不付道者也天將惡報而師家傳以大道是謂妄傳非人如何而能以一晤一言知擇耶此前十四等人皆選擇賢弟子外護之難知者一晤者兩人對面一會也一言者一相會之談也總言相交之淺假令卽有全德堅志之士假令是全無之中而或有不可必有之言也全德者在世法中能全五倫之德于道法中又能全五戒此是君子聖賢人品便是修仙修佛之根器堅志者非上所說十四等不同品之假志眞實有心親師問學具弟子之威儀執弟子之職事不違師言不犯道律不犯王法時時切問

近思一有所聞便求實悟不肯虛度光陰不敢虛負聖教此便是眞實堅志者**必於學道修仙於師家之逢邂逅難于相信**邂逅者偶然之相遇也師固不能辨弟子之善惡誠僞如上十四等者學道弟子亦不能辨師家之邪正聖狂不能辨卽不能信雖有相遇者爲徒遇耳**所以難于相信者又係認道不眞**平素操慕道之心每被方士哄惑用女人交姤爲採補接命可得長生不死見其說有一端道理遂不識此事是假及見眞正仙道清淨亦有一端道理卻不與婦污者同快活心中冷落持疑不信何者爲是不能認正爲眞卽不能學道雖有堅志亦不成其爲堅矣**不素識其道德有無**不素識者不曾平日相交接也故不見不聞師家之有道德無道德但暫時一遇相談妙理而學者乃猶疑爲口頭言徊想前所聞者之無所

證疑此亦未必有證不知邪說假設誑人者必無證不知仙道實悟眞修者必有所證皆由未親近師家未見實歷有證也**果邪果正而不敢輕於信也**可惜雖遇正道而亦不得實聞正道緣師家知其不能破疑而改邪歸正便一是匪才無用之人譬如無目之人糞穢臭處也將鼻一聞沈檀腦麝香處也將鼻一聞、終不能棄臭而久留于香故也**此尤見侶之所以難也**此前假令起至此一段皆言學者遇師之難也○昔呂眞人云弟子尋師易師尋弟子難者是慨歎學者未有知識時畧起一念云仙有神通變化無所不能無所不知我當學之起初遇一人不問其知道否便拜之卽是一師也過三人五人十人俱拜之卽是三師五師十師聞一句鄙陋非道之言也爲一言之師聞十句粗淺之說也爲十句之師何其易遇易得隨其眞僞邪正總是無選擇故也若有道之師尋弟子要弟子及祖宗歷代積德循道謂之有根基滅卻惡念絕無惡事遠邪歸正精勤實悟謂之同志此等人最難得者若祖宗及身無德而輕道者不傳有惡念惡事者不傳口空談而心不實悟者不傳執卻病坐工而欲學之以求成仙者不傳覩仙道同于房術以女人爲鼎取嬬姤爲可成仙者不傳始勤而終怠者不傳世情急而道情緩者不傳不能護道而無益于道者不傳此皆選擇弟子之必當如是也故曰師尋弟子難古人云可喜唐朝呂洞賓至今猶在尋人度蕭眞人亦云朝朝海上尋同志尋遍東吳不見人也

是彼世人遇區區奔走者於一傾蓋間而曰得遇仙曰得遇侶果何所得哉膠住于一方者與奔走遊歷四方者相去甚遠不得常相問學傾蓋者收束傘蓋之說也張雨傘以行半途相逢立談則收傘故曰傾蓋古之子華子程本子

有道之士孔夫子相遇於途傾蓋而語夫子曰目擊而道存此唯聖能知聖也今言傾蓋極言偶然一見相談不久何能得仙傳道何能得侶護道以**覓師侶**不得而曰得果何所信心而爲所相得哉**者尤當以此爲鑒戒**古仙從來無一相遇之初而卽傳于後學者亦無一遇之初而卽得護道于賢侶者凡後學覓師及有道者覓侶皆當以此說輕遇之不得人爲鑒亦以輕信于一遇爲戒**但後來修士必於人道中先修純德**人道中者卽五倫之事也君當忠而忠親當孝而孝兄長當順而順朋友當信而信謂之純德高眞上聖皆言傳得其人身有功者當傳于有德之人也傳失其人九祖受冥拷又云妄傳九祖受冥拷皆言妄傳于無德惡人也有仙道者安敢妄傳非人哉凡輕易傳人者邪說誑語耳意圖誘哄人財物故意易其言以爲相投遇合之機者抑

可輕信者耶　又能信奉真師　昔葛稚川神仙傳云劉政求長生之術不遠千里苟有勝已雖奴客必師事之今人若能如此自有真仙踵門　慎擇賢友　即此前所謂精擇侶之說

心修煉於此淺說中語　即修德之款修道之款　一一勘得透徹

則長生不死神仙天仙佛世尊可計日而皆得矣子

又願同志者共勉之

天仙正理直論增註卷前終

天仙正理直論增註

大明萬歷中睿帝閣下吉王國師維摩大夫季子

三教逸民南昌縣辟邪里人冲虛子伍守陽譔并註

同祖堂弟同師弟眞陽子伍守虛同註

直論九章

先天後天二炁直論第一

冲虛子曰昔讀玉皇心印經云上藥三品神與氣精固然矣本註云人以精氣神三者以生此身亦以精氣神而養此身於世間凡從人胎生者皆如

此仙與佛同是人胎中有此身心而來者故亦同修此三者而成果學仙佛者當知然其間有秘密而當直論者正有說焉秘密者先天後天之說也上古未說之秘中古聖眞亦說之特未詳故後世人有遇傳者有不遇傳者有知者少不知者甚多唯是神與精也祇用先天忌至後天先天是元神元精是有變化有神通之物也後天者思慮之神交感之精無神通變化之物也而炁則不能無先後天之二用以爲長生超劫運之本者眞陽曰二炁者先天是元炁後天是呼吸之氣亦謂之母氣與子氣也超劫之本乃元炁不自能超必用呼吸以成其能故曰有元炁不得呼吸無以採取烹煉而爲本有呼吸不得元炁無以成實地長生轉神入定之功必兼二炁方是長生超劫運之本也所以

呂祖得先天炁後天氣之旨而成天仙也純陽眞人初聞道而未甚精明及見入藥鏡云先天炁後天氣得之者常似醉之說而後深悟成道故眞人自詩云因看崔公入藥鏡令人心地轉分明是也然所謂先天炁者謂先於天而有無形之炁能生有形之天是天地之先天也卽是能生有形之我者生我之先天也天從元炁所生我亦從元炁所生故亦曰先天修士用此先天始炁以爲金丹之祖未漏者卽採之以安神入定未漏童眞之體卽用童眞修法已漏者採之以補足如有生之初完此先天者也凡在欲界精已漏者遇此先天炁將

動而欲趨欲界則採取烹煉還補爲離坎之炁而先天依舊完足即是金丹服此金丹則超出欲界之上而成神仙天仙矣

夫用此炁者由何以知先天之眞也當靜虛至極時即致虛極守靜篤之說無一毫念慮念慮原是妄想心亦未涉一念覺知此在不判不動之時尚在將判之先者此正眞先天之眞境界也佛宗所謂不思善不思惡在恁麼時與此同如遇混沌初分即鴻濛一判即有眞性始覺眞炁始呈是謂眞先天之炁也眞陽曰先天之炁藏氣穴雖有動時猶是無形依附有形而爲用者始呈而即始覺尚未墮于形體之用故曰炁之眞若依形體而用則旁門邪說之所謂氣者修士於此下手須要知採

取眞時眞陽曰眞時者藥生之時易知而辨所以可用不可用之眞時則難知非由眞仙眞傳者不可得此非邪說之所謂時者知配合眞法卽以神馭氣之說知修煉眞機而後可稱眞仙道眞機者總上二者皆是鼎器要眞不眞則眞悉墮於空亡火候要眞不眞則明明進退之陽火而不陽火暗合進退之陰符而不陰符者不可故修煉之機要知之眞而後可行可成知不眞則不可行不可成所謂後天氣者後于天而有言有天形以後之物若風氣之類曰巽風者卽同我有身以後有形者也若呼吸氣之類亦喩巽風者當陰陽分而動靜相乘之時此言陰陽是言太極一中分陰陽爲二神悉是也陰陽俱有動靜故相乘如二分四之說今人若不信陰陽同

有動靜者如睡濃時炁固靜神亦靜睡醒時炁亦屬動靜亦屬動卽如世法俗語便見道理自然循環是如此者

有往來不窮者爲呼吸之氣

何故說往來不窮以呼吸在睡時也有在夢時也有在覺時也有在飲食時未飲食時皆有故曰不窮若神炁歸于元位似不見有則曰元神元炁不與睡中呼吸顯然同相及其神炁同動判然靈覺有照有應顯然不無唯聖眞有修者而後有證以凡夫之呼吸者運至眞人呼吸處以凡夫之呼吸窮而死者修成眞人之呼吸窮而長生不死以超劫也

有生生不已者爲交感之精故曰後天自呼吸之息而論

此言凡夫呼吸自然之理

人之呼出則氣樞外轉而闢吸入則氣樞內轉而闔是氣之常度也自交感之精而

論由先天之炁動而爲先天無形之精（眞陽曰先天炁精俱是無形之稱在虛極靜篤時則曰先天元炁及鴻濛將判而已有判機卽名先天元精其實本一也）觸色流形變而爲後天有形之精（若人不遇色欲邪婬必不成後天有形之精此乃人生日用而不知者）是精之常理也皆人道若此而已（人道者言順則爲人時之道也此書篇篇皆先言順而後言逆修見其卽自家所有以修自家如釋迦所謂衆生卽佛之意）後天而奉天者也修士於此須不令先天元精變爲後天又必令先天之精仍返還爲始炁（卽是歸于原相復還命蒂之所始炁者卽虛之極靜之篤也）是以後天氣之呼吸得眞機

而致者故於動靜先後之際卽所謂如亥之末如子時之初便是用後天之眞呼吸尋眞人呼吸處李云只就眞人呼吸處故教姹女往來飛又卽張紫陽眞人所謂一孔玄關竅乾坤共合成又云橐天籥地徐停息者皆是一意歸中卽以神馭炁凝神入氣穴之理隨後天氣軸而逆轉闔闢元炁固要逆修而呼吸之氣亦要逆轉不逆轉則與凡夫口鼻咽喉浩浩者何異所以言眞呼吸者以此當吸機之闔我則轉而至乾以升爲進也當呼機之闢我則轉而至坤以降爲退也乾天在上自下而上機似於吸入故曰闔曰升亦似古之言進升於乾本爲採取之旨坤地在下自上而下機似於呼出故曰闢曰降亦似古之言退降於坤本爲烹煉之旨

然現在之烹煉又爲未來採取之先機此道隱齋特言之密旨也○周南餘庠友初至道隱齋問曰何爲進退沖虛子言進退者亦虛喻耳其實不見有似進退何也古云子已六陽時進陽火三十六午亥六陰時退陰符二十四此言陽時所行則曰陽火陰時所復則曰陰符皆言火也以九陽六陰多少之數言進退亦一定之數也故不似進退非漸加漸減之爲進退而亦非外進內多退少爲進退我故曰不似進退而虛喻進退也又按古云陰符者暗合也其周天中暗合者亦有只曰沐浴之不行火候而暗合于有火候者但不在六陰時而俱可言暗合後世人執進退二字要說進妄以自外而進于內自少而進于多又要退妄以有而退於無如王道所謂戌滅亥休之說吾故曰皆說得不似此說只以升爲進降爲退謂候中只有升降必要似子進陽火午退陰符從此喻說而已

修煉先天之精合爲一

炁以復先天者也（眞陽曰此一段即言小周天所當用之機火候所不傳之秘在是修煉金丹之士只要闔闢明得透徹則金液可還而爲丹若闔闢不明則藥不能生而亦不能採取烹煉大藥無成枉費言修）世人乃不知先天爲至清至靜之稱所以變而爲後天有形之呼吸者此先天也動而爲先天無形之精者亦此先天也化而爲後天有形之精者亦此先天也此順行之理也（元炁爲生身之本凡一身之所有者皆由元炁所生化）至於逆修不使化爲後天有形之精者固此先天也不使動爲先天無形之精者定此先天也不使

判爲後天有形之呼吸者伏此先天也證到先天始名一炁是一而爲三三而復一有數種之名卽一生二二生三三生萬物之說卽有數種之用故不知先後清濁之辨不可以採取眞氣眞炁者卽先天元精清者也後天交感之精濁者也則不眞不知眞動眞靜之機亦不可以得眞炁虛之極靜之篤則曰眞靜未到極篤无知覺時不爲眞靜從無知覺時而恍忽有妙覺是爲眞動未到无知覺時而于妄想中强生妄覺則非眞動動旣不眞則无眞眞炁者不知次第之用次第者次藥生之眞時採藥歸鼎封固進陽火退陰符周天畢採取之工由升降之機得理則有分餘象閏等用能採取得炁不然不

得眞炁縱用火符亦似水火煑空鐺而已又何以言伏炁也哉古人有言藥物者單以先天炁而言者也有言爲火候者單以後天氣而言者也不全露之意也有言藥卽是火火卽是藥雖兼先後二炁而言蓋言其有同用之機藥生則火亦生用藥則亦用火故曰卽是亦不顯露之意也後來者何由得以明悟耶修天仙者不可以不明二炁之眞

藥物直論第二

前先天後天已兼火藥論矣此則單論藥之先天

沖虛子曰天仙大道喻金丹金丹根本喻藥物果以何物喻藥也煉外丹者以黑鉛中所取眞鉛白金煉成金丹故內以腎水中所取眞炁同於金煉成內丹亦名曰金丹外以白金爲藥以丹砂爲主內以眞炁同於金者爲藥以元神本性爲主故同名金丹同喻藥物太上云恍恍惚惚其中有物恍惚者是本性元神不着於知覺思慮似知覺之妙處其中便有物即吾身中一點眞陽之精炁號曰先天祖炁者是也夫既名曰祖炁則必在內爲生氣之根者而又曰外藥者何也蓋古云金丹內藥自外來以祖炁從生身時雖隱藏於丹田卻有向外發

生之時如生覗生聽生言生動生婬慾皆此一炁化生如思外之色聲香味觸法皆由炁載思以致之即取此發生於外者復返還於內是以雖從內生卻從外來故謂之外藥煉成還丹斯謂之內藥又謂大藥古云鉛汞相交而産黃芽即此大藥便是黃芽實止此二炁而已今且詳言外藥內藥之理而所以名外藥內藥之由聖真學者究此一段則邪說婬風一筆掃盡矣既曰藥本一炁也非有外內之異而何有外內之名者以初之發生總出於身外而遂曰外藥若不曰外則人不知採之於外而還於內將

何以還丹及精補精全炁補炁足神炁俱得定機（眞陽曰定機者將用大周天之先機也若小周天則不定之候故小周天有止火之候者以其不定能傷將定之藥張眞人所言若持盈未已不免遭危殆之說便是）於此時發生大藥者（眞陽曰大藥不自發生必採之而後發生不似微陽初動爲自發生也然必求何以知採大藥之時知前止火之候則知即採此大藥之時）全不着於外祇動於發生之地因其不離於內故曰內藥（昔人每註只說炁是外藥神是內藥者不是）若不曰內則人一槩混求於外則外無藥無所得而阻於小果空亡（此言只可長壽而非不死可超劫運者）將何以化神所以先聖

不得已而詳言外內也張眞人云內藥須同外藥俱與此同既有外內之生所以採之者亦異蓋外藥生而後採者也純陽眞人云一陽初動中宵漏永紫陽眞人云牽將白虎歸家養者是也內藥則採而後生者也自上眞人傳於張李曹三眞人以及伍沖虛子所謂七日口授天機以採大藥者是也張紫陽亦謂不定而陽不生此亦往聖之不輕言直論者我今再詳言之以繼世尊所爲重宣偈者云此炁在人未有此身前此炁以生其身此炁不足者則不能生子之身少者老者皆具此形少者炁足能生子老者炁不足故不生子觀此明知形不能變化生生而炁能生既有此身則乘此炁運

行以自生故曰修士亦惟聚煉此炁而求長生也惟能煉則能聚煉聚久之而大藥生為能起死回生之眞仙藥也但其變化雖在逆轉一炁而其為逆轉主宰則在神創神返身中炁自回之說若念動神馳引此炁馳於欲界則元神散元炁耗變為後天有形之精此精必傾有形者終有壞也不可復留亦不可復返終於世道中之物而已乃無益於丹道之物也若人認此交姤之精為藥卽為邪見丹道以無形元炁為藥既已有形則不能復為無形之藥既已媱媾則炁已耗盡且千人千敗萬人萬敗何曾見有一人不敗媱精而能採來

補精得長生不死者乎是以修金丹者不用婬媾之精者以其炁不足不能長生故也如遇至靜至虛不屬思索不屬見聞覺知總是虛之極靜之篤者而眞陽之炁自動虛靜之極自動方是循環自然妙處非覺而動實動而覺覺而不覺復覺眞玄覺而動者先覺後動也動而覺者先動後覺也卽是先天宜用之藥物此時卽有生化之機可以凡可以聖而將發生于外者在如天地之炁過冬至而陽動必及春而生物者然也冬至陽初動謂之微陽孔子於復卦之大象云至日閉關安靜以養微陽陽微故不能生物亦不能爲藥故順而去之卽能生人逆而返之則能

生仙生佛修士最宜辨此一着以先天無念元神爲主返照內觀凝神入于氣穴則先天眞藥亦自虛無中而返歸於鼎內之炁根即炁之穴也爲煉丹之本古云自外來者如此此外藥之論也將此藥之在鼎者以行小周天之火而烹煉之俞玉吾云若知有藥而不得火候之秘以煉之唯能暖其下元非還丹也謂之煉外丹此正三家相見之謂亦迴風混合百日功靈之說外丹火足藥成方是至足純陽之炁炁不化陰精便是純陽之眞炁也方可謂之坎中滿者曹還陽眞人口授以採大藥之

景及採大藥之法者正爲此用也還陽眞人云有可採大藥之景到便知藥成而有大藥可採景不先到藥未成也夫採之而大藥生而來斯固謂之得內藥矣或有採之而大藥不生者有三故焉一者或外丹已成從初陽之微而修補至于眞炁純陽謂之外丹成而採此藥之眞工不明而不知所以採之故不得此由學者志不大心不堅前修功行少今修福力薄仙師只傳以補精築基之功特小成其長生之果者二者或小周天之火傳之眞而行之不眞而外丹不成雖知採之而無藥可採故不得此卽馬眞人門下弟子問我行道三年尚道眼不明是何

故眞人曰行之不精三者火傳之眞行之眞而候不足老師昔云火有止候到方是火足藥成候不足止景不到必不可止火而藥炁不至於純陽雖知採之而藥不爲之採故亦不得藥之不可得則不得曰內藥也此三者總言採藥之不得即是道之不成示此以爲學者自勉可不知所懼哉

採得此藥以服食而點化元神張紫陽謂之取坎塡離正陽眞人謂之抽鉛添汞秖皆言得此內藥也欲將此炁煉而化神必將此炁合神爲煉古云煉炁化神後人不知如何言化神炁人所自有者炁因婬姤而消耗神因婬欲而迷亂故皆不足而漸趨于死眞人修煉先以

神助炁煉得炁純陽而可定後以可定之炁而助神神炁俱定炁至無而神至純陽獨定獨覺卽謂炁之化神也可煉作純陽之神則有大周天之火候在焉仙家稱爲懷胎爲胎息言如在胎時自有息而至無息佛謂之四禪定華嚴經云初禪念住二禪息住三禪脈住四禪滅盡定是也當是時也火自有火而至於無火藥自有藥而至於無藥自純陽炁之無漏以成純陽神之無漏而一神寂照則仙道從此實得矣皆藥之二生之眞兩採之眞兩煉之眞以所證者辨藥者爲仙家之至要秘密天機學者可不知辨哉然古人但言藥物而

不言辨法不言用法又不言採時採法一藥之虛名在于耳目之外故後人無以認眞我且喻言之如一草一木之爲藥（佛有藥草之喻者）有生苗之時有華實之時自一根而漸至成用者如此眞陽之藥自微至著採而用爲修煉者亦如此（卽初九潛龍勿用及九二見龍利用之說）我所以直言此論者正以申明古人所謂藥生有時令人人知辨而知用也世人見此論而信不及者則將何處得眞陽將指何者爲眞藥物哉吾願直與同志者共

究之慎毋信邪說婬精不眞之藥物爲誤也

鼎器直論第三

沖虛子曰修仙與煉金丹之理同聖聖眞眞無不借金丹以喻明夫仙道仙道以神炁二者而歸復於丹田之中以成眞金丹以鉛汞二者而烹煉於爐鼎之內以成寶故神炁有鉛汞之喻而丹田有鼎器之喻也是鼎器也古聖眞本爲煉精煉炁煉神所歸依本根之地而言也世世之愚人遂專於煉鉛煉汞而墮壞

其萬劫不可得之人身愚人不知身中先煉者爲外丹服食執鼎器之說只信煉鉛汞金石外藥爲服食不死至失人身而不能救此鼎器之說誤人亦甚矣妖人婬賊遂妄指女人爲鼎指婬姤爲煉藥取男婬精女婬水敗血爲服食誑人自誑補身接命遊方之士及一切居家愚人以女人爲鼎器以婬姤爲煉接命之藥取男洩之婬精陰戸出之婬水經後之敗血從廣胎息書之說皆服食之爲接命不死夫世法中猶愼于婬姤婬姤傷多者有房勞之病而死死隨之矣正損身喪命之事反誣曰補身接命且食有形之物同飲食入脾肚出二便卽令婬精婬水食之亦入脾肚出二便飲食不能死死精與水亦不能死死假使食精與水可無死食尿屎爲自己所出者亦可無死乎故鍾離云若教異物堪輕舉細

酒羊羔亦上升是也此皆由鼎器之說不悟者而誤棄其性命本自有之眞宗性即元神命即元炁是我生身本來之所自有者神外馳爲婬想炁外馳行婬事皆所以速死者眞人以神馭炁同歸于炁穴根本處禁之令久住于中而不可出以此禁固之義亦曰鼎器盡由鼎器之說誤之也一鼎器之名而迷者與悟判途敢不明辨而救之哉夫是鼎器也爲仙機首尾歸復變化之至要者也首尾者煉精化炁煉炁化神也既用火候爲烹煉必有鼎器爲封固既以神炁歸于丹田之根則丹田便是鼎器方有妙用若無此爲歸復之所而持疑無定向則神何以凝精炁歸穴耶然鼎器猶是古來

一名目也凡有一虛名者必有一實義故世尊所說欲明佛法每借權顯實仙家每有言皆欲顯實故眞仙眞喻者固多而邪說混入邪喻者更甚不知身中所本有者有乾坤爐鼎之喻乾爲上田亦天在上坤爲下田亦地在下故中和集所說亦有天地爲爐鼎者曰鼎鼎原無鼎者亦有內鼎外鼎之稱者有稱金鼎銀鼎者鉛鼎汞鼎者水火鼎硃砂鼎者言外鼎者指丹田之形言也佛喻曰法界修行佛法之界也言內鼎者指丹田中之炁言也佛喻曰華藏曰寂光國土以形言者言煉形爲煉精化炁之用故古云前對臍輪後對腎中間有箇眞金鼎者是也仙道神馭炁之必歸于此安止于此禁之不令

外動故鼎器關煉鉛汞者似之以炁言者言煉炁爲煉炁化神之用故古云先取白金爲鼎器此旌陽眞君之說也古以黑鉛喻腎腎中發生眞炁取之而喻曰取白金有此白金之元炁是得長生超劫運之本方安得元神住亦以長生超劫運故曰先取爲鼎器以還神也又曰分明內鼎是黃金白金內有戊土之黃色故亦稱曰黃金以上喻同言白言黃皆言所還之炁是也茲再擴而論之無不可喻鼎器者當其始也即初關煉精化炁時欲還先炁眞炁惟神可得則以元神領炁並歸向於下丹田而後天呼吸皆隨神以復眞炁即借言神名內鼎者也

可若無是神則不能攝是炁而所止之下田爲外鼎者又炁所藏之本位卽所謂有箇眞金鼎之處（此言丹田既爲外鼎則神亦可爲內鼎也）必凝神入此炁穴而神返身中炁自回（眞炁陽精發生時必馳于外者故欲其返回神知炁之在外則神亦馳在外亦欲返回者當其炁之在外而神亦隨之在外及神返身中炁亦隨之返于身中故曰神返身中炁自回也）炁所以歸根者由此也及其既也欲養胎而伏至靈元神（卽中關煉炁化神時）惟炁斯可（人生在世間惟是炁載神修仙出世間亦用炁載神）則以先天元炁相定於中田（參同契云太陽流珠常欲去人忽得金華轉而相因又佛家六祖盧

能云心是地性是王王居心地上
性在王在性去王無之說皆是似爲關鎖而神卽
能久伏久定於中太上云轉神入定卽如前言炁名內鼎者
也可若無是炁卽墮孤陰之說則不能留是神神無所依着則出入無時
馳爲視聽言動之妄若依炁爲念則無向外妄念矣而所守之中田爲外鼎者
又神所居之本位故神卽靜定而寂照者如此也初煉
精化炁固以神爲炁之歸依及煉炁化神又以炁爲神之歸依神炁互相依而相守緊緊不得相離眞可喻鼎器之嚴密一般盡皆顚倒立名以闡明此道耳故呂仙翁
又曰眞爐鼎眞橐籥知之眞者而後用之眞用之眞

者而後證果得其眞豈有還丹鼎器之所當明者而可不實究之耶此又結言自身有還丹鼎器之當究又豈有取諸身外而可別求爲鼎器者耶此又結言泥土金鉄鼎器及女人假稱爲鼎器者俱不可信信之則必誤喪性命昔有言總在炁聖性靈而得者斯言亦得之矣白玉蟾云秪將戊己作丹爐煉得紅丸作玉酥蕋戊爲腎中炁名白金者曰戊己即心中之本性曰巳戊己原屬土故曰土釜即鼎器之別喻也張紫陽曰送歸土釜牢封固是也夫還神攝炁妙在虛無虛無者乃眞先天神炁之相也神无思慮炁無嫉妬必先有歸依神依炁炁依神神炁相依而又依依中下之外鼎方成勝定勝定者最上乘至虛至無之大

定也古云心息相依久成勝定此鼎器之辨不可忽也

火候經第四

冲虛子集說火候經諸篇皆論此獨名曰經者皆古高眞上聖傳於永劫眞常不易之經語也曰天仙是本性元神仙由修命而證性故初關是修命中關是證性不得金丹不能復至性地而爲證金丹是眞陽元炁不得火候不能採取烹煉而爲丹故曰全憑火候成功吉王太和重問火候冲虛子集聖眞諸言而爲此經意曰古先聖眞皆不傳火雖有火記六百篇篇篇相似採眞鉛玉皇心印經曰三品一理妙不可聽觀此言雖曰不傳似亦傳之矣雖曰傳之又似不傳矣我

每亦遵之不敢傳火及見見在世人人惑于妖妄邪婬箇箇不知仙道正門乃懼未來聖眞無所趨向故又不敢不言不言之簡而人亦不徹悟猶之夫舊事也言之詳又嫌于違天誡因世人于古云火有候有作爲此言若先入心便責彼言死候死作爲者爲非于古云火無候死作爲此言若先入心便責言有候有爲者爲非竟不知當有候有爲我亦當有當無候無爲我亦當無所以紫陽眞人歎云始於有作無人見及至無爲衆始知但信無爲爲要妙孰知有作是根基昔禪宗人亦云你有一箇拄杖子我與你一箇拄杖子你無一箇拄杖子我奪卻你一箇拄杖子卽此說也我故全集衆仙眞秘訣而次第之說破逐節當有當無直指世之愚迷遇師時當以此爲參究

昔我李祖虛庵眞人云饒得眞陽決志行若無眞火道難成周天煉法須仙授世

人說者有誰眞此言仙道必要仙傳而後可修成仙俗諺云要知山下路須問去來人若世人所傳者只是世法甚非仙道古仙云若教愚輩皆知道天下神仙似水流彼自己尚無學處將何以教人前七句是必用眞火候之斷此四句是必用眞火候引證之案以斷案破其題

且謂上古聖眞不立文字恐人徒見而信受不及今世人亦不信書以書正不作巧言故不足取信于人唯邪人能造巧言故能取信于人中古聖人借名火候而略言之而世又不解知及見薛道光言聖人不傳火遂委於不參究雖有略言者亦不用競取信于妖人之口而已我故曰火候誰云不可傳既不可傳何故有火記六

百篇隨機默運入玄玄達觀往昔千千聖呼吸分明了卻仙此直言說出火候只是呼吸二字豈不見陳虛白曰火候口訣之要當于眞息中求之靈源大道歌云千經萬論講玄微命蔕由來在眞息此又直說出火候只是眞息眞息者乃眞人之呼吸而非口鼻之呼吸陳致虛曰火候最秘其妙非可一槩而論中有逐節事條即我張李曹三眞人相傳以來所云採藥之候封固之候起小周天之候進退顛倒之候沐浴之候火足止火之候採大藥之候得大藥服食之候大周天之候神全之候出神之候等皆是可不明辨之乎張紫陽曰始於有作無人見及至

無爲衆始知但信無爲爲要妙孰知有作是根基有作者小周天也無爲者大周天也葢火候行于眞人呼吸處此處本無呼吸自無呼吸而權用爲有呼吸以交合神炁久煉而成大藥者必用有爲也不如是則道不眞無人見者秘傳之天機而密行之古先聖眞誡人曰知之不用向人誇是也所謂聖人不傳火者不輕傳此也世人邪法皆用有爲仙家之有爲則不同邪說之有爲皆着相仙家之有爲不着相此尤爲無人見者此以前皆從无入有也以後皆從有入無也然呼吸本一身之所有也先自外而歸于內則內爲有故大周天必欲至于無然無者非不用火而言無乃是火候行之妙於無者此火危險甚大因有爲之火易行無爲之火難行也不能無之是危險能無之而或少有一毫雜于有亦是危險無之而或間斷不行亦是危險故紫陽亦囑之世之愚人俗子但見

無爲便猜爲不用火遂其所好安心放曠者有之或猜爲始終只用一無爲而已不求所以當有爲于始者有之故曰但信無爲孰知有作純陽眞人曰一陽此紫陽甚言當有無雙用之旨也

初動中宵漏永此下一段皆言活子時之火候魏伯陽眞人曰晦至朔旦震來受符此以一月爲喩也晦者月終之夜無光喩身中陰靜之時晦而至于次月朔旦者初一也震來者震一陽動于下爻以喩身中眞陽精炁之生藥生即火當生震陽既動而來則當受火符以採取烹煉之也上節純陽之說以一日爲喩者中宵爲夜之半即子時之義漏永者火符之刻漏籌數也古人或以日喩或以月喩或以一年喩無所不喩不過借易見者以發明火之不可言者學者皆不可以喩認眞但恍忽喩似身中之理而猶非實似也陳朝元曰即玉芝書凡煉

丹隨子時陽氣生而起火則火力方全餘時起火不得無藥故也有藥方能造化生故起火煉藥無藥時不必用火故起火不得若强用火便是水火煑空鐺鐺是炊飯器

陳泥丸曰十二時辰須認子丹道一周天之用須用眞活子時而起火天道一日十二時本有子夜半之時也丹道雖喻子而非可執按其子者于此十二時中皆可有陽生火生之子故稱曰眞活子時爲其不拘夜半之死子也修丹者當于天時中認取丹道當生火之活子時若不知活則謂之當面錯過

白玉蟾曰月圓口訣明明語時子心傳果不訛月圓則陽光盛滿喻陽烝發生之盛可採取煉之而可成金丹仙機採有時者卽此若不及圓則陽不旺採之亦不成丹亦不能長生不死故千叮萬囑要知時時子者身中

陽生之子時必得仙師心傳口授而後得其時之眞彭鶴林曰火藥元來一處居看時似有覓時無藥是先天元炁本無形若以無形而致疑曰不知有所得無所得是終于不得成我則信其無無之至眞亦以無無之妙用而採取烹煉便是眞虛無之仙道也火本呼吸之有形若卽以有形用之則長邪火以有而用之似無火藥一處居俱於無中得有之妙所以謂之似有似無予老祖師李虛庵眞人曰一陽動處初行火卯酉封爐一樣溫一陽動同純陽之說但曰採取封固曰沐浴溫養總要無有雙忘同于太虛

此皆言藥生卽是火生以明採藥起火之候也此是冲虛子總結上一大段之說者採藥者子時火之前也起火者子時火之事也二者必要分明所以達摩云二

候採牟尼四候別神功是也　**正陽眞人曰結丹火候有時刻**　此下皆言從起火於子行十二時小周天火候正烹煉金丹之候故曰結丹有時刻　**蕭紫虛曰乾坤橐籥鼓有數**　橐籥者鼓風吹火之具喻往來呼吸之息即乾呼而坤坤吸而乾之義有數者即乾用九坤用六之數也　**離坎刀圭採有時**　離心中之神曰巳土坎腎中之炁曰戊土上下二土成圭字戊己合一者稱刀圭以喻神炁合一者亦稱刀圭然刀圭由得二土合煉而成又必先知採取二土之時方能成二土之圭不知採時必不成二土之圭也　**玉鼎眞人曰入鼎若無刻漏靈芽不生時候不正有何定其斤兩升降哉**　眞陽曰入鼎者眞陽之精炁既還于炁穴必要刻漏之火候煉之則黃芽大藥方生有刻漏則知之

時已完當用二時六陽用進六陰用退方合正理又能合神炁二者皆半斤八兩又如用一時之刻漏當升當降者不當升降者方有定理

玄學正宗曰刻漏者出入息也

此直言刻漏是出入息之別號刻漏者是晝夜十二時各有刻數每有幾點漏滴之聲以應一刻再至多漏以應一時今言此以喻呼吸之息也以漏數定刻數即如丹道中以眞息數定時數也

廣成子曰人之反覆呼吸徹於蔕一吸則天氣下降一呼則地氣上升我之眞炁相接也

黃帝於崆峒山石中得陰符經請問文義於天眞皇人及廣成子記其言曰三皇王訣云反覆者上中下三田旋轉之義呼吸者眞人之呼吸非凡夫之呼吸徹於蔕者通於炁穴之處吸降呼升者似於反說大抵丹書反說者甚多我以理及事詳究之皆吸升呼

降合於自然方得
可有可無之妙

子師曹還陽眞人曰子卯午酉定

眞機顛倒陰陽三百息

子卯午酉者入藥鏡所謂看四正者卽此四時也入藥鏡所言在脫胎大周天之後也此言乃小周天也小大事不同而用同何也心印經云三品一理是也我比眞孫不二所言無內藏眞有有裏卻如無卽此眞機也顛倒陰陽者六陽時用乾之用而進至六陰時則用坤之用顛倒之而退陽時乾策二百一十六除卯陽沐浴不用乾用實一百八十也陰時坤策一百四十四除酉陰沐浴不用坤用實一百二十也合之得三百息周天之數也閏餘之數在外

張紫陽曰刻刻調和眞炁凝結

刻刻言三百六十息皆要調和合自然一刻不調則不能入定凝炁而成胎基

薛道光曰火候抽添思絕塵一爻看音刊過

一爻生抽添卽進退絕塵者念不着於塵妄幻魔爻過爻生者卽綿綿無間也陳泥丸曰天上分明十二辰人間分作煉丹程若言刻漏無憑信不會玄機藥不成天上明明有十二支之辰位眞人效此爲十二時之火候程者一周天節制之限數也若愚人不知如用有作言刻漏不必用便是不會悟玄妙天機之人旣不用火煉藥則藥不成無以證道升仙也又曰百刻之中切忌昏迷一日十二時中有百刻以足周天者昏迷者或昏睡或散亂皆錯失眞候故曰切忌陳希夷曰子午工是火候兩時活取無昏晝子午皆活用此喻的非一若天時之晝午夜子陽復卦子時生午後一陰生於姤三十六乾用九故四九三十

六也又二十四坤用六故四六二十四也周天度數同相似天上度數之周天與煉丹火候之周天皆相似同此九六之數卯時沐浴酉時同二時同用沐浴火候足時休恣意崔公云火候足莫傷丹言不宜恣意行火而不知止也許旌陽曰二百一十六即乾用九之積數用在陽時從子至巳六陽之時也六陽時虛擬之日二百一十六此大約言者有卯沐浴無數之候在中本无此數一百四十四行於陰候即坤用六之積數用於陰者從午至亥六陰之時也每四六計之總六陰而虛擬一百四十四也非眞實用此數但言有如此之理學者當因此祖迹而求悟精義之妙金谷野人曰周天息數微微數玉漏寒聲滴滴符微微數者精妙不着於相非强制也

滴滴符者周天之數無差眞詮曰火候本只寓一氣進退之節非有他也眞火之妙在人若用意緊則火燥用意緩則火寒勿忘勿助非有定則尤最怕意散不升不降不結大丹此是明時初學者之說雖未明大道之人其言亦可示學者爲教誡者王果齋曰口不呼鼻不吸槖天籥地係停息巽風離火鼎中烹直使身安命方立口鼻不呼吸則循眞人呼吸之法而呼吸之槖籥者卽往來呼吸之義槖天籥地卽廣成子呼地升吸天降之說停息者不呼吸之義也邪正皆言停息採戰者曰切須先學停其息胎息廣義妖書亦論停息實無所用處特借此以擒拏愚人令尊已歸依已耳況停又爲強

閉強忍之邪法實非停也仙家之停息乃自然靜定而寂滅也唯仙佛同鼎中烹呼吸在眞金鼎之處不出入於口鼻則內有眞寶丹成於此本性元神安立於此謂之築基成者

陳泥丸曰行坐寢食總如如唯恐火冷丹力遲

行坐者坐而行工也非行路有寢有食尚未脫凡夫只是百日內事若十月胎神之工則不寢不食矣如如者入定之妙似有而不着相不空而空似無而不着空空而不空謂之眞如眞如如則火合玄妙火不冷丹力不遲矣

純陽老祖曰安排鼎灶煉玄根進退須明卯酉門

門灶者卽炁穴玄根者卽元陽精炁歸於根而煉之鼎灶玄根皆言用火候之處須明者叮嚀之意言人不可只用陽進火陰退符而不用卯酉之沐浴則亦墮空亡而不得藥不能成藥葢沐浴是成仙成佛最緊要最玄妙之工故世尊有入

池沐浴之喻沐浴乃是煉丹之正工而進火退符不過只是調和助沐浴之工而已調和進退而不沐浴則進退成虛幻沐浴而不進退則沐浴不得冲和故曰須明禪家馬祖曰未有常行而不住未有常住而不行亦喻此也

正陽老祖師曰旦暮寅申知火候

本卯酉二時以行沐浴純陽翁已直言之矣其師正陽翁曰寅申者寅之下卽卯申之下卽酉戒修土至寅申之候不可忘失卯酉之沐浴也

又曰沐浴脫胎分卯酉

沐浴之工固行於卯酉之候及脫胎亦同於卯酉入藥鏡謂終脫胎看四正卽此語脫胎之沐浴曰分者前似有而後似無也人人不洩煉炁化神之工唯正陽翁於此洩萬古之秘

又曰沐浴潛藏總是空

沐浴而成空名曰仙機不能眞空則墮旁門强制外道而亦成大病

悟眞篇註疏曰子進陽火息

火謂之沐浴午退陰符停符亦謂之沐浴停符二字亦可發明

正陽老祖曰果然百日防危險小周天有進退之火若有不進不退之火若進退不合進退之數不合進退之機不由進退所當行之道不合進退之所當起止已合已由不知火足之當止皆危險所當防者蕭紫虛曰防火候之差失忌夢寐之昏迷火候差失則眞炁不能補足而大藥不能成夢寐昏迷者或睡中迷於夢則塵妄心生而不能生正覺或行火迷於昏睡無周天之候皆所當防當忌者天尊得道了身經曰調息綿綿似有如無莫教間斷息不綿綿則不謂之調無不似有有不如無則亦不謂之調有間斷則亦不謂之調張紫陽曰謾守藥爐看火候但安神

息任天然神息任天然似大周天之火其實止有藥爐則是言小周天矣但煉藥爐中之火雖屬有爲畢竟要含天然自在爲妙不如是則非仙家眞火眞候乃外道邪說之火矣**石杏林曰**

定裏見丹成石之師紫陽云惟定可以煉丹不定而丹不結此甚至要之語因是總言故不入此正文大字**紫陽曰火候不用時冬至不在子及其沐浴時卯酉時虛比**虛比二字總貫串四句不用時者不用歷書一日十二之時而用心中默運十二時而虛比也冬至者是人自身中陽生時候虛比日冬至故身中陽生時必要起子時之火即發生之時爲子不在天時仲冬子月之子也於一日十二時中遇生皆可言子在沐浴當行之時虛比於卯酉卯在六陽時之中酉在六陰時之中調息每至于六時之中可以沐浴矣故古聖遂稱之日卯酉豈不

誤執天時之卯酉哉又曰不刻時中分子午無爻卦內定乾坤一日每時有八刻不刻之時是心中默運火符之時虛分子午不用有刻之時也每卦有六爻易也身中借乾坤虛比鼎此爐故言無爻此皆言煉藥行火小周天之候也一句是沖虛子之言總結上文衆聖真所言百日所用之火也○吉王太和問曰古來言火候者多何以分別此名小周天爲百日煉精化炁之用伍子答曰小周天者有進退有沐浴有顛倒有周天度數凡言煉藥煉丹守爐看鼎藥熟丹成皆百日小周天之事我據此法而分別言小後之聖真善學者凡見大藏中所未見者皆當以此法分辨要知前聖必不以無用之言而徒言之心印經曰迴風混合百日工靈迴風者迴旋其呼吸氣之喻也混合者因元神在心元炁在腎本相隔遠及炁

散而馳外神雖有知而不能用者無混合之法也故此經示人用呼吸之氣而廻旋之方得神炁歸根復命而混合之方得神宰於炁而合一倘無迴風之妙用則神雖在宰炁亦未知炁曾受宰否此為煉金丹至秘之至要者若用至於百日之工則靈驗已顯炁已足而可定神已習定久而可定故小周天火迴風法之所當止也自此以下皆言小周火足當止

正陽老祖曰丹熟不須行火候更行火候必傷丹

火足而丹熟不用火矣故有止火之候遇止火之候一到即不須行火矣若再行火亦无益傷丹者丹熟則必可出鼎而換入別鼎若不取入別鼎則出無所歸不傷丹乎精化炁於炁穴炁化神於神室故曰別鼎

崔公曰受炁足防危凶火候足莫傷丹

炁足受補法而炁足亦宜防滿而溢之危險防者見止火之候而即止之則不傷丹

而得防之功何為滿而溢我亦不至有此老師曾囑曰當不用火必勿用你若用火不已丹之成者更無所加疑而怠慢但已滿之元精防其易溢而非真有溢也以其尚未超脫離此可溢之界耳此正可凡可聖之分路頭也

紫陽曰未煉還丹須速煉煉了還須知止足若也持盈未已心不免一朝遭殆辱

未煉還丹之時一遇丹藥即當還煉用一周天之火藥生即採煉勿虛負藥生曰速煉採得藥歸而煉火候明白不差誠心勇心行之亦曰速煉加此藥也真火也真速煉必速成丹成火足必要知止止而止若任丹成至足之烝持此盈滿未知止火而止終限於小成尚未脫生死輪迴之欲界知止火採得大藥金丹而超脫之則行向上轉神入定斯免生死之始

蕭了真曰切忌不須行火候不知止足必傾

危眞陽曰老師曹還陽眞人自云曾親見此事來故
深爲我弟兒二人詳囑之同問師前煉丹時也知
止火採得大藥衝關特未過耳今復爲之熟路舊事
不異何得有此傾危老師曰當初李眞人傳我時言
藥火最秘最要者盡與你明之矣即可修而成矣但
關之前有五龍捧聖之法是至秘天機非天仙不能
傳非天仙不能知非天下之可有非凡夫之敢聞待
你百日工成止火採大藥時方與你言之及師回師
家我居我室相去日遠我猛心奮勇決烈爲之那怕
仙不能成天不能上行之五十日而丹成止火採大
藥而得藥自知轉上衝關而不透乃思採戰房術我
所知甚多皆言過關若得一法試而透過也省得待
師來遂將前邪門旁法所聞一一試用絕無可透始
知邪門之法盡是欺人妄語而無實用者及年終師
來我詳細訴於師師曰眞好決烈仙佛種子眞到此
地你今所說見的內有此一景我未曾與你說得同

於李老師所言你今眞到即能言也可近來聽受捧聖之法我聞已亦即行之行不數日止火景到恨不即得之爲快即採之大藥不來火尙未甚足也如丘眞人所謂金精不飛者是也再採再煉而止火之景又到疑之曰初得景到而止火採之而不得大藥且待其景到之多而止大藥必得矣至四而遇傾危之患我想尹清和眞人云老師丘眞人當止火時而長安都統設齋受食已而未及止火至晚走失三番謂之走丹前工廢矣須從新再煉乃泣曰我自福小敢不勉哉奮勇爲之後即成天仙今我既在其轍敢不繼芳踪乎亦奮勇爲之又思我初煉精時得景而不知猛吃一驚而已及再靜而景再至猛醒曰師言當止火也可惜當面錯過又靜又至則知止火用採而即得矣是採在於三至也今而後當如之及後再煉不誤景初而止失之速不待景至四而止失之遲不速不遲之中而止火得藥衝關而點化陽神凡眞修

聖眞千辛萬苦萬萬般可憐煉成金丹豈可輕忽令致傾危哉凡聖關頭第一大事吾弟兄垂淚而詳述上曹二眞人之案爲七眞派下後來聖眞勸誡即此便是止火之候大有危險之所當知者學者不可以爲間言而忽之是你自已福力

此皆言丹成止火之候也

此一句是沖虛子之言總結上交此一段止火之說也從來世人學道者並不知有止火之候雖有前聖多言皆忽之而不究故今特列類而詳言之

故陳致虛亦有云火候者候其時之來候其火之至看其火之可發此火候也愼其火之時到此火候也察其火之無過不及此火候也明其火之老嫩溫微此火候也若丹已成急去其火此亦候

也陳致虛前已言其妙非可一槩而論中有逐節事條可不明辨之乎此又詳列其條以明申前旨學者最當參究

天仙九還丹火之秘候宜此若此數者煉精化炁之候備矣此又是沖虛子總結前採取烹煉止火等旨百日關內事止此令學者須參究前聖之說此以下子故曰起之舍也句止又沖虛子自言百日關內之火候等秘機而總言之者

子故曰自知藥生而採取封固運火天周其中進退顛倒沐浴呼噓行住起止工法雖殊此節同致虛逐節事件之說眞機至妙在乎一氣貫眞炁而不失於二緒一神馭二炁而不少離於他見三百周天數猶有分餘象閏

數一候玄妙機同於三百候方得炁歸一炁神定一
神精住炁凝候足火止以爲入藥之基存神之舍也
此一段又冲虛子列言百日煉精用火細微條目而
精言實悟之旨也蓋小周天是煉精時火候之總
名也其中事理固多前聖固有各言其採藥是一候
而封固又一候達摩亦只言二候採藥者并採封二
者而混言也又言四候別有妙用者乃小周天三百
六十內之候也我今遵仙翁而二言之及周天時言
進退候者若不似進退而亦虛擬之爲進退鉛汞丹
法言進退者進則用火入爐退則不用火而離爐此
實可據而易言或以加多爲進減少爲退亦可據而
易言煉精者則不似此說我今亦只勉强而虛比不
似以爲似意謂六陽時以乾用九數之多爲進六陰
時以坤用六數減少爲退既在周天之內進陽火退

陰符非多少爲言則不可若以用不用爲言則遠甚矣顛倒者除藥物配合顛倒不必言但言火候中之顛倒呂仙翁云大關節在顛倒初老師言六陽火專於進升而退後隨之而已六陰符專於退降而進又後隨之而已曰專者專以進升主於採取專以退降主於烹煉也曰後隨者順帶之義以其往來之不可無亦不可與專主並重用也此聖眞秘機之顛倒也沐浴者子丑十二支次第之位凡世法有五行故內丹有五行之喻五行各有長生之位寅申巳亥是也火生於寅水生於申金生於巳木生於亥卯酉子午之位是沐浴之位故丹法活子時之火歷丑寅至卯所當行之火借沐浴之位而稱火工曰沐浴酉亦如之舉世愚人邪棍尙不知沐浴何以得名何由以知沐浴之義之用哉今此只畧言提要耳更詳於仙佛合宗語錄中觀此者可自查語錄以考其全機行住起止者行則仙佛二宗之○喻也住則仙佛二宗之

前喩也起則採封二候之後小周天候之所起也止則小周候足而止火也一氣者呼吸之氣貫串真炁自採至止不相離離則間斷復貫則二頭緒矣此由昏沉散亂之心所致甚則二三四緒皆無成之火矣戒之戒之固然以息氣串真炁必主宰用一神馭之而不離若內起一他見則離若外着一他見則離離則無候無火矣焉能炁足炁生三百六十度故曰周一天猶曰五度四分度之一所謂天度之分餘爲閏位者非耶知有閏則知天之實周矣能實周則炁易足丹易成而初生之藥亦易生矣玄機者不傳之秘機也火候一一皆要用此若不用此則火必不能如法呼吸則滯於真息而近凡夫之口鼻重濁而爲病不用此則神亦不能馭二炁而使之行住得其自然一息如是三百息亦皆如是方可得天然真火候之玄功此古聖真皆隱然微露而不敢明言者亦不敢全言者不如是雖曰已周天近於邪說之周天亦無

用矣所以玄妙機三字又百日關煉精火候之樞紐也採封煉止等候俱不可少者於一炁之外馳欲界爲婬姤之精爲視聽言動成婬姤之助皆能復歸於一炁能眞不動同於無情不動一神之動爲婬姤之神着視聽言動爲婬姤之助者不馳外而復歸一神能眞入大定所得候足火止而基成如此永爲入藥之基址爲存神入定之宅舍此正所謂先取曰金爲鼎器者是也

而道光薛眞人乃有定息採眞鉛之旨既得眞鉛大藥服食正陽謂之抽鉛大藥者卽陽精化炁之金丹也果從何求而得亦從丹田炁穴中生出當未化炁之先所生也出丹田但無形之炁微附外體爲形曹老師因後有大藥之名便稱此爲小藥之名以其炁小故也及煉成金丹旣化炁之後所生也出丹田曰大藥實有形之眞炁如火珠亦是從無而入有也黃帝曰赤水玄

珠一日眞一之水曰眞一之精曰眞一之炁曰華池蓮華曰地湧金蓮曰天女獻花曰龍女獻珠曰地湧寶塔又曰刀圭曰黃芽曰眞鉛如是等仙佛所說異名不過只一丹田中所生之眞炁旣成自有之形所以不附外形而唯生於內用於內亦我神覺之可知可見者及渡二橋過三關皆可知可見此所以爲脫生死之果從此便得其有眞驗矣

卽行火候煉神謂之添汞

此火候是大周天也添汞者心中之元神名曰汞凡人之神半動于晝而陽明半靜于夜而陰昏昧陽如生陰如死修士必以昏昧而陰者漸消去之故消一分陰令陽添一分去二分三分四分五分陰則添二分三分四分五分陽漸漸逐分掙到消盡十分陰添足十分陽謂之純陽純陽則無陰雖謂之胎全神全所以古人云分陽未盡則不死分陰未盡則不仙此皆添汞之說也然所謂添者必由於行大周天之火有火則能使元

炁培養元神元神便不能離二炁而皆空皆定直至神陽果滿**若不添汞行火**以神馭火神不陽明如何行得火添得神三分五分陽明方行得三分五分火故曰添汞行火唯神明則得二炁而培養元神助成長覺**則眞炁斷而不生**正是不定而藥不生之說此時乃實證長生不死之初果矣**若不煉神則陽神不就終於屍解而已**煉神者煉去神之陰而至純陽全無陰睡火定炁定而神俱定俱空方是陽神成就煉神之法全由二炁靜定同之入滅但二炁少有些兒不如法則神不煉陽不純不成就不能出神但在十月之內不曾出定者俱是屍解之果何故但有凡夫之呼吸卽有凡夫之生死人之生只有口鼻之氣以爲生最怕水火刀兵水入鼻而至內則無呼吸之竅身雖壞而神或不壞亦分解形神爲二火燒身則神无依住亦分解形神爲二刀

兵截其頸呼吸斷神乃去形而分解爲二形既無則神不獨立亦不能久立再去投胎轉劫所謂屍解者有死生之道也不行大周天之過也二炁及神皆不入定之故也丹既成生既長安肯不入一大定哉後學聖眞勉之

故九轉瓊丹論云又恐歇氣多時卽滯神丹變化

此三句是冲虛子引足上五句之意○自而道光至變化止十三句又冲虛子於此承上起下分判聖凡至要天機○歇氣者歇周天火候之氣或得坎實來而點離中之陰勤勤點化離陰爲純陽若既得坎實而點離陰矣不卽行大周天則坎實亦不勤生以點離或行大周天而不合其中立妙天機猶之不行也亦不能勤生坎實以點離陰便遲滯離陰之神爲純陽之變化神丹者卽坎實曰金丹既點離則二炁漸化神二炁盡无獨有神之靈覺在故亦曰煉炁化神

純陽眞人云從今別

鼓沒絃琴別鼓者另行大周天也明說與前小周天不同沒絃琴者無形聲之義然大小固不同行火者必先曉得清白而後可以言行火紫陽曰大凡火候只此大周天一場大有危險者切不可以平日火候例視之也上世只說周天未分大小紫陽言此大周天不可以平日者一例看則平日的便隱然言是小的平日者平常已行過的口氣不可一例看便是候不同言平日卽是言百日事故仙翁又言始有作小周也後無爲大周也廣成子曰丹灶河車休矻矻音恰鶴胎龜息自綿綿言不必用河車者是百日之事已過故不必用今當十月之工只用鶴胎龜息綿綿然之火也上清玉眞胎息訣云吾以神爲車以氣爲馬終日御之而不倦前百日以陽精轉運稱河車此胎息時則轉神

入定以神爲車以氣爲馬以御神車是喻煉炁以化神後聖亦須分辨着 白玉蟾曰心大虛無行火候 入虛無是神炁入定而不着相丘眞人所說眞空是也雖行大周天不見有大周天之相便得虛無之妙 范德昭曰內氣不出外氣不入非閉氣也 世人言閉氣者強制也強忍之不令出入邪法旁術皆是如此故仙道別有天機不與世同雖內不出外不入非強忍也有眞息合自然之妙運者所以入定 白玉蟾又曰上品丹法無卦爻 世人見此說上品丹無卦爻便一槩貶有卦爻者爲非不想自己不遇聖眞傳道不知有爻死爻將何所用蓋小周天者化炁是有卦爻小成之火大周天者化神是無卦爻大成之火以其化神故曰上品 彭鶴林曰若到丹成須沐浴 丹成是前金丹之成沐浴是大周天

之喻言丹成不必用小既入十月之首必須用大周正陽老祖眞人曰一年沐浴防危險伍眞陽曰沐浴在小周天固爲喻今言於大周天亦爲喻在小周曰二時二月之喻此大周言一年之喻在小周可以小喻在大周可大喻也防危險者防一定必有之危險也若仙機有出入則不定其沐浴若佛法不久住亦不定其沐浴沐浴最貴有定心防危險正防其心不定防其沐浴不如法又曰不須行火候爐裏自溫溫此言十月不必用有候之火當用溫溫然无候之火不寒不燥不有不無方是溫溫的眞景象王重陽眞人老祖曰聖胎既凝養以文火安神定息任其自然聖胎成於眞精陽炁起初煉精採取烹煉非武不能及聖胎既凝金精而成武則無用矣只用文火養之神息定而任自然正是養

交火之道光曰一年沐浴更防危十月調和須謹節
功用
沐浴者無候之火卽大周天也一年者大槩而言之
辭卽十月之說凡說十月一年者入定到此時亦可
得大定而出定故言之謹節者謹守沐浴之理也防
危者防其離沐浴而外馳不定也若一年而得定之
後必時時在定年年刦刦俱在
定又非止一年十月之說而已陳虛白曰火須有候
不須時些子機關我自知有候者大周天之火無候之候也乃似有似無之妙
不須時者不用十二時爲候故可入無爲些子機關
是似沐浴而非沐浴常定而神常覺故曰我自知若
不知則昏沉火
冷而丹力遲矣紫虛曰定意如如行火候如如者如有不有如
無不無定意於如有如无之候中
方得大周天之眞候方是眞行又曰看時似有覓

時無大周入定本入於虛無若徒然着无則落空矣故曰似有有而非有不空而空卻似無方是眞空眞定

又曰不在呼噓弁數息天然有呼噓數息是言有爲者之事今既入定故曰不在有爲專任天然以證無爲

又曰守眞一則息不往來眞一者在前煉精時煉而所得眞精曰眞一此煉炁時乃眞精之炁得眞神用眞息之氣守之三者合還神曰眞一俱定不動則是息已無息焉有往來

古云火記六百篇篇篇相似採眞鉛昔參同契亦云火記六百篇篇篇相似卻未說出採眞鉛之妙旨此言似採眞鉛則玄中又玄者盡於是矣採眞鉛者薛道光所謂定息採眞鉛是也篇篇相似總歸一大定

馬丹陽曰工夫常不間定息號靈胎定息於空神卽守息而爲胎神定無間斷神亦常覺无間斷而

胎神始靈

石杏林曰不須行火候又恐損嬰兒初入十月之關必用火候煉炁成胎而化嬰兒之神嬰兒喻神之微也及胎成嬰兒亦成將出現於外之時則无用火矣若專用火是嬰兒未完成之事豈不有損於嬰兒乎

中和集曰守之即妄縱又成非非守非忘不收不縱勘這存存的誰大周入定化神似有似无似有即神炁之定似无是神炁在定而不見在定之相若曰守便着於有着有即起有之妄念縱之而不照則神氣離而非定之理但微有似存若二炁存則神亦存神存而二炁亦存俱存在定便俱虛無無上之妙境在是矣

鶴林曰及至打熬成一塊試問時人會不會不增不減何抽添無去無來何進退神炁合一俱定入一塊則

無火矣不似百日火之有增減不增不減安有抽我添息無去來何用進退此歸一而漸歸無無之說也

祖師張靜虛眞人曰眞候全非九六爻也非顛倒非進退機同沐浴又還非定空久定神通慧眞候者火候定而空矣不用小周之九六不同其顛倒進退沐浴等而唯定空久定久定久空神通慧照朗然獨耀同於世尊之大涅槃而滅盡定矣

丘長春眞人曰息有一毫之不定命非已有有息則有生死無息則生死盡矣必定息至無則命方爲我所自有自主張天地陰陽閻君則不能使我生死由我得無死之道也若一些息不盡定則命在息而不爲我有由我自已不能主張猶有可死之道也此皆言煉炁化神十月養胎大周天之火候也

此又沖虛子總結上文眾聖眞所言大周天火一段而言之也予亦曰大周天之火不計爻象固非有作溫溫相續又非頑無初似不着有無終則全歸大定切不可執火爲無以爲自無則落小解之果又不可住火於有以爲常行則失大定之歸將有還無一到眞定則超脫出神飛昇沖舉之道盡之矣此予亦曰起盡之矣止又沖虛子自言大周天之旨又兼叮嚀勸誡者不算計爻象乃無爲之異於小周有溫溫非全無是大周初之似有似無之實理也大周之初正是一二三月之時曰似有者尚有有曰似無者未眞無所以猶有些子凡火食性在由有些子息故也及至全歸大定息無而

食性亦無所以金碧龍虎上經云自然之要先存後
亡俞玉吾又註之曰先存神於炁穴而後與之相亡
神自凝息自定是也然又當知火本欲歸於無若不
知先似有之妙而遽執曰本無何必用似於有則必
墮在全無而不能至眞無落於屍解之小果矣又當
知此火起於似有而求必歸於無若不知有非了手
而遽住於有常行於有而不無則亦墮在全有何以
得大定之歸饒經萬劫而不死終止於守屍鬼子亦
爲屍解之類歸生死之途想當初煉精補炁費多少
萬苦千辛始得修證千萬劫不傳之秘而得傳以至
於小成於此又安可一惰忽其大成而不求必成哉我
又囑之曰將有還无到眞大定而能常定於虛无
之妙境則超脫出神飛昇冲舉之道盡之矣此大周
天之火所以爲成仙成佛了道之總要也我又以化
炁化神而總言之前百日煉精化炁必用有爲之工
是從無而入有卽佛法中之所言萬法歸一之義也

後十月煉炁化神必從有息至無息是從有而入無即佛入四禪滅盡定也一歸於無無之說也此仙佛二宗不易之秘法不可少之要機也沖虛子今為後來聖真重宣明之以接引後聖印證仙傳弁免後學執有候執無候之爭　立門戶而妄疑之者　若此天機　自此句直至結尾句止又皆沖虛子總結火候全經之言再指煉神以後向上之秘機以為後聖證　羣仙直語　已前羣仙皆有直言在世間而人不能悟　從古至今言火候者甚衆並未全　固非全露　言或一句二句而已既不全後人如何用如何擬議所以世之凡夫妄猜唯有仙分者自有仙人來度耳　然散之則各言其畧集之則序言其詳　我見散見於羣書之言或畧言採取烹煉之名而不言其理或畧言採而不言封固或畧言小周天而不言大或畧言大周天而不言小或畧言火候之名之理而

不分言小大所當用之時其意若曰火候原屬不輕傳之秘且說一件令參得此一件任他自己湊合成全去嘆曾見幾人能湊合得成全耶而前劫後劫或聖或凡種子或眞或僞學人總難致一而擬議世逮於予藉父清廉盛德之所庇田園房店之可賣受盡萬苦千辛逐日奔求師家晝夜護師行道歷十九年而得全旨追思前劫或无所庇或无可賣未遇眞師受萬苦故不免又生於今劫又憫後聖或有出於貧窮无父庇无產賣不能受萬苦焉能苦心奮志而求全有一奮志於窘迫中者而志亦不能銳所以予不可少此一集詳而次序之留候奮志後聖而助其銳志耳亦訴予苦志勤求者以勵後聖當苦志勤求後聖其自勉諸

完全火候不必盡出予之齒頰出於我口齒者固是我之言我既集而序之即同是我言之出我口者而此集出世則爲來劫萬眞火

經根本後來見者自能從斯了悟不復疑墮旁門旁門者有相之火忍氣着相稱爲行火知此仙火自然之定則不復爲强制之邪火而胎神自就陽神自出劫運自超矣書定入定定成皆爲胎神出神超劫之所必用而必證果者故於此歷言所證但於出神之後煉神還虛九年之妙雖非敢言而中和集曰九載三年常一定便是神仙亦且言之矣出陽神是初成神仙時即母腹中初生的孩子一般雖具人形尚未至具足之人形故喻神曰嬰見幼小未成人須藉爺娘養育恩乃喻爲乳哺三年古人所言成就只一二年是也乳哺者神氣已定而又加定之意加至於常常在定而不必於出便似乳而又乳至於成大人一般神旣老成若即行

煉神還虛九年之功則此即爲九年內之煉數若有救世之願未完且不煉九年而權住世以救世及欲超世而上昇虛無則必從九年煉神而還虛矣實非世學所能輕悟輕用者必俟了道之士以虛無實相而用之了道之士是出定之神仙唯得定是得虛无之初基而後可至虛無之極致處方能悟此用此第不可以一乘既得遂妄稱了當不行末後還虛此言或有小根小器之人自以少得爲足不求還虛而終不能還於虛矣則於神通境界畢竟住脚不得神通在化神時神也通靈而無礙在還虛時神更通靈而無礙此言神通是言初得之神通尚未老成故曰住脚不得若住脚則止於神仙猶有還虛而至天仙者後來者共勉之豫章三教逸民

丘長春眞人門下第八派丘眞人門下宗派曰道德通玄靜眞常守太清一陽來復本合教永圓明此二十字爲派者乃眞人在燕京東龍門山掌教時所立之派後人稱爲龍門派者便是分符領節遵上帝法旨所受之符節同佛祖之衣鉢宗主之帕受道弟子冲虛子伍守陽書於旌陽識記千二百四十二年之明時萬曆乙卯春日云集此答吉王太和之問最初發筆作此起

煉已直論第五

冲虛子曰諸聖眞皆言最要先煉己謂煉者即古所謂苦行其當行之事曰煉凡證道所當行之事或曰事易而生輕忽心或曰事

難而生厭畏心如是不決烈事不能成金丹神丹必當勤苦心力密密行之方曰苦煉

熟行其當行之事曰煉

當行之事如採取烹煉周天等煉精煉炁等或行一時而歇一時二時或煉一日而間一日二日工夫間斷則生疎錯亂如何得熟工夫必純熟愈覺易行而无錯必時時日日皆如初起一時密密行之方爲熟煉

絕禁其不當爲之事亦曰煉

不當爲者卽非道法而深有害於道法者如煉精時失於不當爲之思慮道以思慮爲之障而不可望成煉炁時息神不定而馳外向熟境亦障道而忘進悟深入當禁絕之而純心以爲煉

精進勵志而求其必成亦曰煉

道成於志堅而進修不已不精進則怠惰不勵志則虛談然志者是人自己心所之向處心欲長生則必煉精向長生之路而行求必至長生而後已心欲成神通則必煉炁化神

向神通通路上而行求必得神通而後已此正所以爲煉也割絕貪愛而不留餘愛亦曰煉凡一切貪愛富貴名利妻子珍寶異物田宅割捨盡絕不留絲毫方名萬緣不掛若有一件掛心便入此一件不入於道故必割而又割絕而又絕事與念割絕盡而後可稱眞煉禁止舊習而全不染習亦曰煉凡世間一切事之已學者已知者已能者已行者皆曰舊習唯此習氣在心故能阻塞道氣必須頓然禁止不許絲毫染污道心所以古人云把舊習般般打破如此而後可稱眞煉

已者卽我靜中之眞性動中之眞意爲元神之別名也已與性意元神名雖四者實只心中之一靈性也其靈無極而機用亦無極出入無時生滅不歇或有時出令眼耳鼻舌身意躭入於色聲香味觸法之場而不知返或有時出而自起

一色聲香味觸法之境牽連眼耳鼻舌身意而苦勞其形丘眞人西遊雪山而作西遊記以明心曰心猿按其最有神通禪宗言獮猴跳六牕狀其輪轉不住其劣性難馴惟煉可制而後來聖眞嘗以上文六種煉法總要先致誠意而煉之

然必先煉已者

李靖庵云於平常一境界打得破不爲物炫不被緣牽則未後境誘不得情緣牽他不得元始得道了身經云聲色不絕精炁不全萬緣不絕神不安寧

以吾心之眞性本以主宰乎精炁者宰之順以生人由此性宰之逆以成聖亦由此性若不先爲勤煉熟境難忘

昔鍾離云易動者片心難伏者一意熟境者心意所常行之事也如婬事婬色婬聲婬念等正與煉精者相反相害一旦頓然要除未必卽能淨盡或可暫忘而不能久或可少忘而不

能全焉能煉得精煉得炁必要先煉已者爲此故也焉能超脫習染而復炁胎

神哉習染之念未除則習染之事必不能頓無必要以習染之念與事俱脫淨盡而後遇境不生煙火已方純炁可復歸神可靜定而成胎矣當未煉之先未煉已之先也每出萬般

變幻而爲日用之神平日媱殺盜妄心貪心善心惡心欺心等皆是變幻猶且

任精任炁外馳不住任炁動而化精任精動而媱姤而不攝之令歸根復命由已不煉而不攝也古云未煉還丹先煉性未修大藥先修心蓋

爲此而言也昔馬自然眞人云煉藥先須學煉心對境無心是大還中和集云念慮絕則陰消幻緣空則魔滅張虛靖眞人云欲得身中神不出莫向靈臺留一物皆同此能煉之者因

耳逐聲而用聽則煉之於不聞目逐色而用觀則煉之於不見神逐感而用交則煉之於不思此三者皆眞實煉法正釋上文割絕其所愛之說平常日用必須如是先煉則已念伏降而性眞純靜譚長眞水雲集云絲頭莫向靈臺掛內結靈丹管得仙重陽眞人全眞集云湛然不動昏昏默默無絲毫念想此定心由降而得及至煉炁煉神則不被境物顛倒所誘已有定力不從外境所誘採藥而藥即得築基而基即成結胎而胎必脫方名復性之初而煉已之功得矣有不得其先煉者當藥生之時不辨其爲時百日

之初煉精時貴有藥生藥生者元精之生也辨元精生時而用採法若嫗精犯於嫗念則邪法不可採者嫗念未煉淨者何以能辨元精煉藥之候不終其爲候煉藥有周天之候或驚恐或聞或思或昏沉以致火候不終者有之藥將得或以已念而復失元精還補元精將滿亦或有嫗念未煉淨乃復失爲嫗精者有之故古人有走丹之喻者即此神將出或以已念而復墮心逐見聞覺知於外馳則是尚未得大定而有出入背卻胎息經所謂不得出不入自然常住之旨出馳着境同儒之物交物亦同禪人之說獼猴跳六牕內猴與外猴相見者如是如何能入定以完胎欲其炁之清眞已不純必不得其清眞採取先天炁之時唯煉已純者能辨清眞則不失其清眞若煉已不純一着思慮習氣則失清眞矣欲其

神之靜定已未煉必不得其靜定神能入定則得靜入得三分五分定便得三分五分靜十分定則得十分靜常定則常靜神靜定則炁亦皆靜定炁歸神爲一矣即是炁化神而成胎仙矣不煉已者必不能到此或遇可喜而即喜或遇可懼而即懼或遇可疑而即疑或遇可信而即信皆未煉已之純也此四者皆外來之天魔也遇而信之則着其所魔矣雖由此此前未預爲煉已之過倘於此遇時即煉已遇如不有所遇魔即不如我何一上眞人所以當過一番魔長福力一番是也倘於初一遇便不當過及道愈高魔念多如何當得過吉王太和曾問魔有種種之多卻如何知得當過沖虛子曰最易不怕他有萬樣奇惟我將神炁俱入定中任他多種魔來絕不能與我相遇矣又有內本無而

妄起一想念謂之內魔障或有生此而不知滅不知卽滅者或有滅其所生而復生復滅者皆障道躭遲大周天之候也必煉已者而後能生滅滅已生而卽滅滅而又至於無可滅有外本無而偶有一見一聞謂之不宜有之外魔障上文喜懼疑信四種俱屬此見聞之內或用見用聞與之應對而不卽遠離者亦障道一有應對則着魔爲魔所轉矣故障道必先煉已者而後能無見無聞能煉已者卽具不睹不聞之本體卽有不睹不聞之實效此已之所以不可不先煉也昔有一人卽山東姓張者坐中見承塵

板上一人跳下立於前沒入於地坐中者在圖中坐時也見者心不定於神室而外馳偶有此一見也若心在定則亦何以見此復從地湧出立於前見其神通變化而認爲身外身誤信常人之言曰神仙出了陽神便身外有身然本性與虛空同體本无形身若起一念要顯有身便能有身不可以見外爲我身不識爲身外之天魔吉王太和問彼既不識今老師及昔二眞人是何法識得沖虛子曰我本性在定得到定力足而後有可出定之景到由我自性升遷於天門念起而出猶是虛空无體乃六通爲用無所障礙若非我念所出而有見者便是外來之天魔邪魔若出神之景未到則神通未足不能變化雖欲顯身而不能有身豈可以無我念之身而認爲我哉神通足者世尊謂之四神是即爲魔所誘

動出圜而遠叩丘祖祖曰見者不可認不宜出而妄出雖有妄見斬退猶恐不速何敢認爲我不宜出者未成定之先求其入定而不可得又何敢妄出而終於不入不成耶此所以不可認也乃不知信由於無仙師眞傳故不能以信法語又謅郝祖郝與丘本同師度則同道同知識矣既不信丘何必見郝祖曰丘上哥說者便是惜乎猶不知信不復更居圜中而廢前功矣此亦已未煉純之證也昔丘祖坐於崖下崖石墜壓折脇知是天魔祖不爲之動如是當過五番不動一念直證陽神出現見山河大地如在掌中昔世尊坐於菩提樹下魔王波旬領百萬魔眾

以兵戈恐佛而不動以魔女媱事誘佛而不動坐至金剛牢固自言我終不起離於此座昔費長房師事壺公隨壺公入山修道壺公以朽索懸大石於座之上又令巨蛇齧索將斷而費全不驚不動者皆是此得煉已性定之顯案也幷書以勵同志

築基直論第六

沖虛子曰修仙而始曰築基築者漸漸積累增益之義基者修煉陽神之本根安神定息之處所也基必先築者蓋謂陽神卽元神之所成就純全而顯靈者常依精炁而爲用神原屬陰精炁原屬陽依眞陽精炁則爲陽神成就純陽不依精炁

則不能成陽神止為陰神而已精炁旺則神亦旺而法力大精氣耗
則神亦耗而弱此理之所以如是也欲得元神長住
而長靈覺亦必精炁長住而長為有基也自基未築
之先元神逐境外馳如見色境在外則必起婬念則元炁散元精
敗基愈壞矣所以不足為基且精之逐於交感年深
歲久戀戀愛根一旦欲令不漏而且還炁得乎此無
基也炁之散於呼吸息出息入勤勤無已一旦欲令
不息而且化神得乎此無基也神之擾於思慮時遞

刻遷茫茫接物一旦欲令長定而且還虛得乎此無基也此三段是申明上文基已壞者而不足以爲基之說古人皆言以精煉精以炁煉炁以神煉神者正欲爲此用也是以必用精炁神三寳合煉精補其精炁補其炁神補其神築而成基唯能合一則成基不能合一則精炁神不能長旺而基卽不可成及基築成精則固矣炁則還矣永爲堅固不壞之基而長生不死玄綱論云道能自無而生有豈不能使有同於無乎有同於無則有不滅矣證人仙之果矣爲出欲界升色界

之基者以此爲十月神定之基者以此而九十月不昏睡者有此基也十月不飲食不寒暑者有此基也十月神不外馳而得入大定者有此基也所以煉氣而氣即定歷百千萬億劫而絕无呼吸一息煉神而神即虛歷百千萬億劫而不昏迷一睡亦不散亂一馳與天地同其壽量者基此與聖眞齊其神通靈應者基此此所謂陽神之有基者基成由於陽精無漏而名漏盡通不然無基者即無漏盡通矣雖證入神

通不過陰靈之性五通之果五通者是陰神之神通也若陽神則有六通多漏盡通也六通者天眼通天耳通神境通宿命通他心通漏盡通此一通為陽神之所多餘五通陰神同宅舍難固陽精無漏則身長生不死為金剛堅固宅舍可永劫不壞若有漏之軀有必死之道身不堅固也不免於死此而生於彼若有秘授躲橫生而擇塋形者猶且易姓改名虛負今生矣陰神何益哉陽神之基可不亟築之哉可不急究之哉世有以婬姤敗基者反誑人曰採補築基欺騙愚夫共為媱樂一遇婬媾而精無不損者炁無不耗者神無不蕩者

基愈滅矣直誤至於死而後知彼婬邪術假之悖正道可不戒之哉此篇正文重重自相申解已詳不必再生註意

煉藥直論第七

沖虛子曰仙道以精炁神三元爲正藥元精元炁元神曰三元皆先天也以煉三合一喻名煉藥昔谷神子云道以至神爲本以至精爲藥以沖和爲用以無爲爲治長生久視之道成矣若不如此卽非金液大還丹之法其理最精微其法最秘密昔鍾離曾十試於呂祖上祖受百難於重陽我伍子切問二十載於曹還陽逢師于萬曆癸巳年三月受全

道于壬子年三月間以癸壬計之二十年也我當初每自恨福力之薄不蒙師一速度今而後始知侍教久者入道精不然何以能高出萬世耶予又按白玉蟾云十年侍眞馭白又云說刀圭於癸酉七月之夕盡吐露於乙亥春雨之天又當知天機非邂逅可談方纔有得是以世之甚然學道者及偶然漫談者皆不知何者是眞藥而何法爲眞煉徒然空說向自己身心中而求實不知有至靜之眞時眞機也夫至靜之眞時者是此身心靜極即所喻亥之末子之初也陰靜極必有陽動靜屬陰動屬陽陽極則陰靜陰極則陽動則炁固有循環眞機自然復動此正先

天無形元炁將動而爲先天無形之元精時也卽此先天無形之精便名藥物旣有藥炁生機必有先天得藥之覺卽時至神知之說亦卽我神炁同動之說也卽以覺靈爲煉藥之主以冲和爲煉藥之用覺靈者妙覺靈心也冲和者烹煉薰蒸之和氣也此正三家之初相見也亦三華之所聚者則用起火之候以採之因有藥生而起火卽活用子時起火曰活子時藥生與火生同時故以火之活子時而稱藥亦曰活子時達摩云二候採牟尼言採藥用二候也四候別神功言沐浴用四候也同此須辨藥之老嫩採之嫩則炁微而不靈不結丹也人人都說藥生要辨老嫩若嫩則炁微配合之

則无半斤八兩之煞何以成一斤故不靈**採之者則氣散而不靈亦不結丹也**老者只是過於當採之時當採而未採則氣以久而虛散皆由心生怠惰而至此氣既散則力亦微配合不均不能成丹故亦曰不靈**得藥之眞**不老不嫩如九二剎見者曰藥眞非初九之勿用亦非上九之有悔**既採歸爐則用行火之候以煉之**行小周天之火也**藥未歸爐而先行火**昔呂眞人戒之云無藥而先行胎息強留在腹或積冷氣而成病○顧與弢庠友問既知採藥何故又不歸爐沖日傳正道知眞採故可必得歸爐又要行火合於候之妙方得藥歸爐若火生早了是名火小不及不名冲和冲和者和和而冲也古人有喻者曰如浴之方起而暖氣融融然火既小而不及上眞人已言曰則金精不飛是也焉能得藥歸爐悟道眞修者必

先從我此答精思之則知直至末後皆是如此藥竟外耗而非爲我有藥尙未入鼎中而妄行火即所謂鼎內若無眞種子猶將水火煑空鐺之說不成大藥藥已歸爐而未即行火則眞炁斷而不續亦不成大藥藥在外由火以採之而歸爐亦由火烹煉之方在爐中成變化已得藥歸爐火斷而不行則眞炁亦斷而不住及再行火雖周一天終與前不續藥亦不續如何能成大藥即參同契註所云外火雖動而行內符不應則天魂地魄不相交接是也若肫肫然加意於火則偏着執於火而藥消耗執着用心於火則着有相而急燥近於外道之存想有爲非自然之天機妙用若悠悠然不知有火則迷散行火之時若心不誠則不靈或昏迷十二之時或迷失刻

漏之數或忘沐浴之候或不知以何數周于天或周已而猶不止皆是失於火而藥亦消火不能留藥焉得不消卽神不留炁之喻皆不成大藥已上皆言孤陰寡陽偏有偏無之危險也若火間斷而工不常雖藥將成而復壞火所以煉藥古云火藥一處居行火之法愈久而愈密愈密而愈精斯則必成大藥必得服食或有時神逐見聞婬念馳於外而着魔則神離火火離藥工不常矣藥如何得成雖將成猶有退散之危險若久執行火而不知止足雖藥已成而亦壞火足矣卽成大藥因藥成而言足也藥既成則不必用火安得不止藥已成者成之而生爲服食之大藥於此卽採而藥不復壞爲後天有形之精不止火不採則大藥必隨生機而將妄行欲歸之聖路無奈不止火不採而無山以受欲歸之凡路

竟趨爲後天有形之精不難矣後聖當知此爲至要至秘所當防之危險也皆不得服食必火足而藥始成藥已成而必知止候方有大藥可採方可服食不然必不得藥成服食後世聖眞修此必使神氣相均相合火藥適宜以呼吸之氣卽火也乘眞炁爲動靜卽藥也以眞炁之動靜定眞息之根基眞炁歸靜於根則眞息亦定於根二炁合一於根以爲胎神之基也則火藥既不着於一偏又無强執縱失之患如此而煉方得小周天之妙理方成長生之大藥始名外金丹成也馬丹陽云因燒丹藥火炎下故使黃河水逆流玉芝書云玄黃若也无交姤怎得陽從坎下飛是也祖祖眞

眞服食飛昇之至寶乃最上上之玄機最宜參悟而
精修者也此論備陳煉藥時之危險令後聖知防慮於此不至當面錯過而不知也神仙所言
金丹服食者是腎中所得金液之氣配元神合煉所
成服食之則能神通變化若方外之士言服食者不
過妄以金石草木誑人曰煉服食斷不可爲以誤大
恚縱服食之或有疾宜於金石藥者而偶致愈或旡
疾而中毒成大患必不能得此眞藥服食自可進修
超出三界而顯神通也
行大周天之火候以煉炁化神煉炁而息定化神而
胎圓陽神升遷於天門而出現神仙之事得矣中關
十月之事完矣其後面壁還虛九年一定以神仙而

頓悟性於無極形神俱妙總煉成一箇不壞清虛聖身皆由煉藥合仙機而得成丹成神者之所至也故凡大修行上關大成事必如此則畢矣於此畢法中始於百日煉藥而成服食者無量壽之地仙也地仙者地上所行之仙身形重濁未離故不能離於地而升虛無之天也人仙雖長生亦同於地仙重形尚在故亦不能離人與地也中而十月煉成脫胎出陽神之果者超出陰陽之神仙也神仙者離重濁之形以無形之神變化或有或無皆由一神之妙用故曰神仙終而九年面壁煉成還虛之果者超出盡天地劫

運之天仙也初得神仙乃得大定而出定者但得定由於守中而出定則居泥丸故世尊已入滅而亦入於泥丸是也至此後還虛則又入定於泥丸古人云性在泥丸命在臍蓋言了修命之事在臍了修性之事在泥丸也泥丸之定則非從前者此九年一定者特以始入之時而畧之或百年千年萬年一劫百千萬劫皆可入爲一定此正天仙佛之超劫運者有仙緣者遇此天仙正理直論其亦齋心以識之

伏氣直論第八

沖虛子曰人之生死大關只一氣也有氣則生無氣則死此首以人之所共知者言令人易明生死聖凡之分只一伏氣也氣能伏定則聖不能伏定

則凡此首以人之皆能者言令人易學於入聖超凡也而是伏義而者轉文助語乃爲藏伏而亦爲降伏藏伏者深藏歸伏於元氣之根降伏者管攝嚴密不許馳於外此二者亦有防危慮險之意唯能伏氣則精可返而復還爲先天之炁神可凝而復還爲先天之神所以煉精者欲以調此氣而伏也煉精小周天調其息而伏爲其不能頓伏故用漸法調而伏達摩祖師顯宗論亦言似此意所以煉神者欲以息此氣而伏也煉神大周天胎息其息而伏爲其不能頓息於無故亦用漸法胎息其息似有而無乃至於無有無無而伏於寂靜始終向上之工只爲伏此一口氣耳所以必伏而始終皆

伏者是何故蓋當未生此身之時就二炁初結之基在丹田隱然藏伏爲氣根久伏於靜則動而生呼吸是知由靜伏而後生呼吸之氣以成人道者曰順生也而是逆修曰成仙者當必由呼吸之氣而返還藏伏爲靜此氣伏伏氣之逆順理也及呼吸出於口鼻而專爲口鼻之用呼吸至於口鼻則落生死之塗矣離口鼻則離生死眞氣發散於外遂至滯損此氣則爲病耗竭此氣則爲死蓋不知伏爲所以復之故伏者欲將呼吸還復歸於炁穴而爲不呼不吸之故也必

此氣伏於炁穴而後元炁能歸元神能凝三者皆伏於炁穴也**而亦不知行其所以伏**行所以伏者言有至妙至秘之天機呼吸合於天然者爲眞元炁得合當生當採之時者爲眞元神合虛極靜篤者爲眞三者皆眞而後得所伏之理行之而必成不然則亦世之外道而已**安保其能久生而超生死於浩浩劫之外耶**三者不眞則非所以伏之理故不能超過浩浩劫之運**有等妄言伏氣者而不知伏氣眞機**眞機者有元炁元神而呼吸正合天然自在方爲眞**終日把息調而口鼻之呼吸尤甚**調息者調其內用之玄機如橐天籥地徐停息之說世之愚人不聞天機只把口鼻數調如隔靴搔痒焉能調得到無息**痴心執閉息而腹中之逼塞難容**閉息者靈

寶畢法書亦言之是言不通其息出入之門也雖無門卻有安頓自然之妙理非强制之爲閉也强制則不眞故無成眞禪家與眞仙道畧同若痴禪人之假禪亦與痴道人之假道同學者不可不察禪宗人有一等假禪者日吞聲忍氣日氣急殺人皆言忍住氣而不出入此是病非禪也强制則念是動的不是靜何以爲禪禪字解作靜字若是自然眞靜方爲眞禪

哀哉此妄人之爲也妄見其氣之伏而靜定也昔上祖云息有一毫之不定命非已有息得呼吸絕則生死之路絕息有呼吸不定故不免生死而伏氣之要正修士實用所以證道之工也但此天機之妙絕與世法不同古人託名調息者世人之息一呼一吸均平無用調矣仙道託名調息

者非世法之用乃調其有而至无无而至有爲其以神馭氣行之必住住之必行在乎行住之間而調之也

隨順往來之理而不執滯往來之形欲合乎似無之呼吸也當有往來不强使之無而唯隨順之似心息相依之說亦不强執害其自然而爲勉强

託名閉息者世之言閉是勉强不合自然仙家言閉只託言閉之名而非用彼强閉之實故范德昭曰內不出外不入非閉氣也我故曰託名者畧似閉氣而實非閉氣也

而內則空空如太虛無物空如太虛是眞虛無則眞息便可歸於眞無眞禪理亦似之若上文所言內不空而逼塞者是强閉者外道邪法旁門之類皆然

欲合於無極中之靜伏也無極者無一炁之始及後太極則有一炁之始一判則爲天地今言無極乃言天地及一炁之末有

之先即爲父母尚未有之先正是虛極靜篤景象妙悟必至如此爲眞靜伏

總之爲化炁化神之秘機古人云長生須伏氣故曰周天而歷時日年劫惟伏此氣

言有一小周天之所伏有一大周天之所伏一日之所伏一年一劫之所伏或暫或久而能成其一伏者眞有道之士也

此氣大定則不見其從何而伏始亦不見其從何而伏終無始無終亘萬古而無一息與神俱虛俱靜斯謂之形神俱妙之靜也

世尊能以一法說八千劫而後已能以一定坐八萬四千劫而後出定是其形神俱妙與仙同者

唯聞天仙正道者方能識得此理唯有三寶全功者

三寶者元

神元炁元精若一寶非元則不爲寶方能行及此工
屬於後天者無用亦不得爲全功
此工者卽上內如太虛證入無極靜定者言若三寶
會合煉成化炁而後可行大定常定工夫若未化炁
則亦無用此爲有大志聖眞請究之而實悟之

胎息直論第九

沖虛子曰古胎息經云胎從伏氣中結炁從有胎中息斯言爲過去未來諸神仙天仙之要法也男子身中本無胎而欲結一胎必要有因則因伏氣於丹田炁穴中而結胎是胎從伏炁中而結也元炁靜而必動欲得元炁不動必要有藏伏因有胎卽藏伏之所乃息而不動是炁從有胎中而息也胎因愈伏氣而愈長氣

因愈長胎而愈伏共修成一箇圓滿胎神斯所以為
神仙天仙之要法非此抑將何以成之然胎息與伏
氣本是一事何分兩論只為懷胎養神必用胎息而
後成胎而神住胎古人皆以胎息言之今亦詳言於
煉炁化神時也伏氣之說為伏氣而得精還化炁煉
藥以得大藥古人只言伏氣今亦從之言伏氣雖兩
言之中則互明其理令人知兩 予願再詳譯而直論
言之妙而不妄疑妄執其為兩

之夫人身初時只二炁合一為虛空中之炁而已無
胎也亦無息也 此言無胎無息起下文返還成仙之所證 因母呼吸而長
為胎因胎而長為息 修仙者亦必因呼吸而長為胎因胎而長為胎息 及至
胎全妙在隨母呼吸而為呼吸所以終日呼吸而不

逼悶此緣不由口鼻呼吸只臍相通故能似無氣息一般此正眞胎息景也古人謂內氣不出外氣不入非閉氣也之說正言由臍相通者離胎而息卽斷在胎中則我之息由母臍中所生故我息亦在臍而口鼻不可呼吸離胎則口鼻開竅可以呼吸順而易矣當此時且不知胎息安得復能胎息無母臍與子臍相通不得不向自身口鼻起呼吸卽與胎中呼吸同而暫異其竅耳逆修返還之理安得不以我今呼吸之息而返還爲胎中息耶凡返還呼吸時以口鼻呼吸之氣而復歸於胎息之所卽丹田之所許旌陽云臍閒元炁結成丹

谷神不死因胎息長生門戶要綿綿元始得道了身經云中宮胎息爲黃婆抱朴子曰得胎息者能不以鼻口呼吸如在胞胎之中則道成矣以鴻毛着鼻口上而毛不動爲候也如處胎息之時漸漸煉至胎息亦眞無眞無者滅息盡之義也謂胎中之息亦眞無之此正禪宗人所謂萬法歸一一歸無之說方是未生時而返還於未有息未有胎已前之境界不落生死之途者矣凡人有呼吸則有生死無了呼吸卽無生死所以得如此者亦非驀然無所憑依配合便以呼吸歸中而可胎息者呼吸之炁最難制伏必有元炁相依方可相定而成胎息然胎息何以知其成也以呼吸歸於胎息則口鼻無呼吸而成胎息是其

眞成也終不復至口鼻爲呼吸眞禪定者亦似此若凡夫外道不知元炁者爲何單以呼吸歸於中而妄曰入定胎息其息不能定住於胎所雖忍氣而氣無所容乃曰氣急殺人而終不能强忍口鼻之氣更呼吸浩浩皆由悖卻世尊所謂无生法忍者之所爲也世之假道人假禪人皆如此此亦後學聖眞之所當辨而自防危險者也

所謂孤陰不成者此亦其一也呼吸之氣乃後天有形之陰物故亦如此言之

必要有先天炁機發動之時又有元靈獨覺及呼吸相依三寶會合已先煉成大藥者而轉歸黃庭結胎之所於此之時此時者是當此結胎之時因文上句皆言先所化炁而至此始言胎息之意也此正申明必要煉精化炁以炁助胎以神主胎以呼吸結胎方成眞胎息

而後以胎息養胎神得神炁乘胎息之氣在中一定神炁與胎息相乘方是有配合的修眞胎息之工所以能成眞胎息得眞定若無眞炁便不是金剛不壞之身坐中只是昏沉瞌睡如何能長覺長明以長馭氣入大定成胎乎有間斷卽非胎息　卽是結胎之始正入藥鏡所謂初結胎看本命而得者本命者二氣也元炁爲生身命之本呼吸氣爲生身命之具而結胎之初必要本命二炁隨神之號令同凝於中而爲眞胎　雖似有微微呼吸若在臍輪而若不在臍輪者也

在虛空正度人經所謂元始懸一粒寶珠去地五丈如世尊之前地湧之寶塔在虛空中等語皆是也皆

用運旋眞息以漸至成胎頓然絕離口鼻不存呼吸滅卻有作恰然處胎相似而胎中之息始雖似有而終絕無卽是眞胎息所以成陽神者（若無大藥眞氣服食若非三家相見必不能胎眞息而神眞純陽者也）如是而久久無間斷綿綿密密無時無刻而不是在胎中無息之景直證陽神大定絕無動靜起滅卽是胎圓乃返還到如母胎初結一炁未成我而未分精炁與神之時正入藥鏡所謂終脫胎看四正而得者（看四正者驗四正工夫之有無也有則胎尚未圓以其有乃養

胎之工也無則曰滅盡定而陽神成就矣胎息還神固曰畢矣胎事畢滅盡定佛亦滅盡定入涅槃故其經云若於佛事不周不入涅槃佛事周訖方入涅槃畢其十月中關之事神仙之證也猶有向上田煉神還虛而證天仙者在所必當知故遷神於上田而出天門以陽神之顯見者倏出而倏入何也當前之十月之內而或有出者是不宜出之出也由六根之爲魔而妄出陽純則無魔陰盡則無魔陰將盡而未盡甚爲魔魔者要除陰盡是要除魔盡也妄出則神走而着魔境而息亦走着於口鼻必急入則依於息而歸胎

此一段又再詳指示人以十月內之所當防此危險者此時之出是當出而出也昔監養素胎成當出而不知出故劉海蟾寄書與之指示所出之法故起一出念而出陽神於天門天門者傳道集所言指頂門也古人於此贊之曰身外有身是也若出之久恐神迷失而錯念古云十步百步切宜照顧故即入上田而依於虛無之定所以神既出胎喻同人生之幼小須三年乳哺者以定為乳哺也又言九載三年一定者言出定之初時而入定以完成還虛之天仙也證到至虛至無即證天仙矣然是定也入定時多而出

定時少又宜出之勤而入之速也我故曰出定之初即爲入定之始也雖天仙已證亦無不定之時也故世尊亦曰虛空界盡我此修行終無有盡正如此也至於終天地之後超過劫運亦無不定之時也此猶仙佛以上無仙無佛之妙境而天仙佛之至者也後來聖眞共知之共證之

此書稿成於天啟壬戌歲實欲藏之爲門下學者便心目不意被人盜去但儒者竊取仙書愛慕之心勝可恠又可惜也由騃友而失騃故想像而梓不無疎畧今崇禎己卯秋查舊稿加註賢道友復梓之以廣度人流行於天地之終皆所願也故附識之

直論畢

直論起由

予作天仙正理直論僅僅九章完全畫出一箇天仙樣子令有緣有志者見爲頓悟有志者不遇此書亦是無緣於道遇此而不參悟亦是無緣於道又或有遇之而无眞學之非心唯圖詐僞欺世者亦當改惡從善而歸正道敢曰輕洩天機妄擬無罪只爲度盡衆生爲自度計者於是冒干

天譴而直論亦緣我老祖師張靜虛眞人得道後曰今日四大部洲全無半箇人見知道今當廣開教門

奉此仙旨故也（張眞人法派名靜虛常攜虎皮爲座故當時皆稱虎皮張初與三友尋訪仙道夜半見白毫光於西而衝天次日西行夜宿又見日又趨之二友去而獨行獨見得光處在蜀之碧陽洞也入見仙師而求度甚切師遂授之道命之修數年成而始命出曰今日四大部洲絕无半箇人兒知道你與我廣開教門張翁遂行按四大部洲者東勝神洲西牛賀洲南贍部洲北𣿅廬洲佛經所說者是也張仙翁遂出西域轉北夷還中國見二大洲已無人矣實起度人之念止度得李虛庵一人而已）

歷十五年間再傳而遞言於予（十五年間者張眞人於萬歷已卯年度李虛庵至壬午復至李家助李銀爲行道之資李眞人於萬曆丁亥受曹還陽請至其家曹與三友各具贄六金助道不足戊子曹三友又助師三十金而修成證果矣曹眞人於萬曆癸巳與伍子遇甲午年夏五

月度伍子計之巳卯至癸巳十五年也至壬子又十九年曹復度伍子仙佛合宗全旨以出三界之上者弁傳以助道之方囑之曰此元史所載上眞人助國之方也唯默記之倘護道要用則用之否則閑置之可也勿爲世間作孽取大罪也予之十九年中苦志苦行或亦少彷彿於長春祖之苦志者得全大道敢不如命戒之哉予初若爲駭聞駭世之學道者多豈眞無半箇人見知道而久之眞見同世斯人不同聞斯道得師度之後遍考仙聖之書聖聖同此一道也同此修成正果也差毫髮尚曰不成豈可有不同者乎每考問於全眞侶不過只知御女採戰及卻一病小工爲詭求衣食之計者與仙道之保精保炁胎神之理者不同聞考問於禪宗人不過日當下便空以降魔轉劫僅爲死後生人道之說與佛法空而不空之眞空超劫之妙法不同聞又考在家俗士之學道

者求假做黃白成富貴求房術久戰遂婬樂並無學道之實而志不同又考在家俗士之學佛者妄自尊而誑人曰曾參學手抱非忉利身觸悖天王口稱者當下就了只就了得一席嫣嫥何曾聞佛法可了而聞實不同世界劫壞如此安容得不直論而一救故之耶又安容不直論留爲後世聖眞作正知見耶

作此以指引後來凡我

上祖門下符節正傳弟子得師口訣凡藥生內景時至則神知爲內景藥烝馳外則外別有景採藥眞工即達摩祖師所謂二候得牟尼者行火工小周天之候即達摩祖所謂四候別神功止火景詳後仙佛合宗語錄中採大藥工自古聖眞所不輕傳此以前得百日煉精化烝之眞法行得全功只成成精滿烝足之凡夫知此

而用得大藥方得長生此先聖所以必俟百日功成者而後言之得大藥景有六種震動之景也丹田火熾兩腎湯煎眼吐金光耳後風生胸後鷲鳴身湧鼻搐六根因其滅識皆有景驗三關工即名五龍捧聖者從此超凡以入聖乃聖聖不輕傳之秘法天機世間之所不知不聞者必俟百日功成者而後言之服食工度過鵲橋而下重樓喻曰服食非如飲食樣之食守中理即大周天之初古云守似有卻如無不有不無故喻之曰守中又聞胎息本在臍而若不着於臍養神本養中田之神又若不離於下田總若合二田成一虛空境界故亦喻之曰守中正秘密天機有不得顯言者出神景出神收神法煉神還虛理此守出收還等五者皆詳後仙佛合宗語錄中歷歷秘授歷授者次第盡傳上文十二句之秘法乃正傳之所必有而後聖真

修之所當聞人世所不知聞者言後聖得遇聖師而
必受者有所聞者人世者彼後聖
同世之人也彼人所知皆世法中之旁邪小術唯見
聖所聞皆彼不知正與直論中十二句秘法同
凡書所不載見凡世前書已載者皆古聖大畧之言
也不載者精切秘密天機舊不載於書
而今得聞於聖師正與直論十二句皆同則師言可
篤信奉行直論可憑稽考要知非遇仙者無眞聞見
非遇仙者不能當下工修煉時更以直論相印師言
措一言爲直論
古聖之書每言一句又秘卻二句三句何以得全印
證欲求全證又要搜索多書此貧者之愈難唯此直
論兼註又後有仙佛合宗語錄及門仁賢問答之要
以詳直論註腳盡露全旨則後聖得此一書足以全
印可無得了然無疑無礙直證天仙唯我作書助道
餘恨矣

之一願也後來聖眞未及得正傳者尤當從斯人悟究其逐節工具違合凡有所聞卽徵諸此書合則正違則邪作人天眼目者唯此書心則不爲妖人邪說所惑矣凡一切邪說旁門皆與此書相違悖如有眞志精修不參此論是自絕於仙佛正道者也竊謂此論而行邪行以誑世者如昔一光棍專以房術欺騙人者乃借言曰鉛汞不在身中取已明明說破愚按棍賊此言謂鉛汞不在自身是女人身上取的鉛汞者喻陰陽豈有陰陽二者俱在女身取之言而可惑人取信乎猶且言之咦天律王章共誅之此書本代天仙救世代佛破邪盡是表明天上梵德至道之言有天目共視天耳共聽天律共護若有邪人假借正言行

彼邪說天有霹靂伐其性命王有典刑滅其身形并揭禁誓書末以為誦書者知誡

天仙正理直論註釋正文終

後跋

沖虛子跋云道爲天仙之秘機天仙之道唯天仙知之行之凡夫去天之遠何以得遇遇唯不可遇雖曰不秘而亦是秘若有得遇知其道者必要體天仙之心行天仙之德而後可成天仙　凡夫之罕見爲今之凡夫者前雖有善而或有小功不足以得道故難遇若之道能從今起念學道時全具善心力行善事絕其從前間有不善者則道之罕見者猶可望見也　或百劫百年一傳於世如唐開元時之純陽翁始度王重陽於宋徽欽時如六祖盧能止衣鉢不傳而後竟無　或片言數語密度於人如鍾呂二仙度燕國傳法之七祖者

宰相劉海蟾以卵壘爲山而不崩墮劉曰危哉鍾呂曰汝宰相之位更危於此劉棄相從之而仙去如虎

皮座張眞人以　嘉靖帝强請之不起畀邳州守請
曼及三年而後至京延及徂落而不復　命還至六
安州召廬江縣李虛庵而度之令三誦三背其言三
日而別李竟成眞縣及鄰封皆稱肉身菩薩然張祖
不肯見帝而度乃召李而度之此亦張祖密度之案
也如佛欲度迦葉分恆河水爲兩斷而佛行其中之
無水處葉以舟救佛佛從舟底穿入而舟底無孔葉
猶曰幻也佛曰汝未成不生死阿羅漢何能如此貢
高我慢葉驚服自不知所以不死而歸依之是也

三口不談六耳不聞

三人則三口六耳也其中或願學小成於人仙者或願學中成於神仙者或願學大成於天仙者所願者則重之而喜聞所不願者則輕之而厭聽或德止足以授小而分不宜聞中大二成故不同談不同聞也如許旌陽吳猛二人許爲旌陽縣令吳爲分寧縣令也同謁丹陽之諶母元君母獨傳許以道法謂吳德行尚未充

後當拜於許授如世尊單傳迦葉為初祖而以堂弟
阿難未能離欲令轉拜葉傳為二祖俱是舊案也
不經紙筆仙道乃天上人之所有亦天上人之所用
正上仙口不談之秘鬼神覷不破之機所
以不載
筆於紙**何敢淺其說直其論而諄諄然數萬言為鑄**
哉此大罪也大道本不敢輕一字於非人之前何敢
淺說其精深直論其秘密令善惡賢否
正人非人一槩混見之耶但覩世間無不可救化之
人倘有不從正而改邪者是必從地獄餓鬼畜生三
惡道出而初世為人而惡心猶在故也雖直
論之彼只見如不見而已矣何嫌其混見**曾見世**
人截然向道而竟無覓處截然者截斷世法塵勞決
志學道滿目是萬法千門
竟不見何者為仙道不知
向何處覓仙道此甚可憐**舉世多人談道而悉墮旁**

門遍世界談道所聞所知全在婬邪窠臼中初學不能辨邪正遇之焉不墮入此又甚可恥謂道不在世而人必誤陷於邪者也有仙道原只蘊藏於仙胸中世何得有一切諸人不遇仙度皆只在世而學焉能外世見而求世外之見畢竟誤陷於邪矣謂人心自邪不求聞道而規正者也有心邪之人唯邪法是喜口稱是學仙之黨者只願學房術御女謂婬姤有如是快樂是我所學之有證而仙道高遠或者即此所致我何必舍此快樂而別求仙樂為哉故不求聞也自稱是學佛之黨者造斷見之邪說而惑人不知已為佛之所斥自謂有了此一口高談捷語足取衣食名譽何必效佛所修而六年禪坐以自苦故不求聞也予在金陵所以絕不屑與人談仙佛見彼諸俗人談仙者皆志於房術御女及卻病小工而即指為仙道不務修德修道故不

必與爲謀也見彼衆生談佛法者皆妄將佛說爲行教無用之虛言將已談斷見作佛法不求如何如佛八千劫說一會法華經方已不求如何得如佛八萬四千劫坐一定方起必執斷常邪見直趨死亡爲了生死或學躲一輪迴爲自足而且不能得又不能承當正法竟如石馬雖打不走全似木牛拽鼻不回謂之下愚不移何足救化何足與言所以祇尊仙佛正法爲我自悟師而已矣我又爲有相知者憫而淺說勸之佛昔云人相畜相橫世之俗夫每以橫相妄談佛法語人曰我知佛我是佛此亦妄人也已矣甘爲橫相又何難焉今而後談佛者請先改汝橫相爲豎相且遵佛說別作商量庶免空勞妄談虛度一世

借令百劫百年生一聖眞將何入悟言此論若不出世倘有眞修者不知如何修仙不知如何修佛故無趨向處亦不知學何者爲學行何者爲行**所以得聖眞**

於學者必由此論及有此直論弁仙佛合宗語錄出世若有一人精究此論及錄便見得此人是有志於此此者與論合志郎為學此道之**得**聖眞不究者則其志不學此終於凡夫輪轉而已

聖眞於師者亦必由此論誦詩讀書而尙論古人者固有人誦此論而尋覓論此之人者亦有人未誦此論而尋覓已誦此論者亦必有人能覓此此人豈不得遇此人而得遇此道故曰求師必由於明此論所以張紫陽眞人作悟眞篇以訪友果得石杏林為之徒其勝於奔走四大部訪師友者不萬萬分便益哉**故鍾離云吾之求人甚於人之求我**古云弟子尋師易師尋弟子難蓋弟子以初學之無知故不知所遇之人有道無道而拜之故易師之有道者嚴奉天誠必選擇同德同志祖父善門一不全不足非弟子故尋之難昔鍾離往九江府德化縣度縣宰

呂純陽又鍾呂往甘河鎮度宋徽欽時領兵校尉咀重陽又鍾呂往燕國度丞相劉海蟾又虎皮座張眞人行至六安州馬神廟召廬江縣之李虛庵而度之又昔世尊往楡羅厥又國度迦葉者皆是師急於求人之**人不及於求我我不及於求人**世界如許大學者相隔如許遠

案誰知我而求抑誰知我而能求由我非方外之士遊遍四方者亦非如所謂唐朝呂洞賓至今猶在尋人度者亦非如世尊自謂行化時至乃行而化之至度一萬八千九十四國人者不過隱處一小小道隱焉而已不及求人所以亦不得爲聖眞學者之所遇**乃以一筆救天下後世迷**唯成書可以代面命雖徧天下盡**然而迷自軒轅氏**後世凡有見者皆可救其迷惑

御女保生之術一倡軒轅者君天下者忌嗣子之少故用後宮之多嬙妬之多必不

可不節慾後世學者豈可以節慾之人事而眞僞爭
而遂誤指爲長生不死神通之仙道乎
途四千餘年矣仙道是出世世間法眞也御女術是在
世間法而非仙僞也本不同者凡學
仙聖眞旣有大志有聖德必不可學御女以招天誅
凡學御女者輕縱婬樂壞女子之身喪女子之恥志
極卑污敗仙佛根基種子
天律嚴密又豈容於談道眞者幸有天降眞傳而作
仙佛漢之張道陵葛玄仙翁寇謙之子吉皆太上降
下而傳北漢時之鍾離正陽乃東華帝君之降
傳唐之純陽呂翁乃鍾離之降傳宋之王重陽燕之降
劉海蟾乃鍾呂二眞之降傳世尊佛乃阿私陀仙之
降傳故法華經佛云昔者仙人授佛妙法如來因之
遂致成佛是也所以伍子言非仙不能度仙非佛不
能度佛此亦破
迷之一說也僞者自愈熾說徧天下而迷人熾說
者建

立各種門戶曰三峯採戰者曰小採補者曰大採補者曰童男童女開闢補氣者曰對爐者曰入爐者不入爐者千種媱穢無恥以之爲世事用尙甚可恥又安可妄誣人曰道乎所以道隱齋評之曰常見人猿與陰者聚則撫弄其二物豈可以衣冠人物有禮義廉恥者而如之乎又評之曰蠢動如蚊蛾虱類人共見其不學而能相姤豈有不蠢如人反不如之而學人爲姤姤乎以速死喪命之事而愚弄人曰接命不死其迷於自愚又迷於邪說之誑如此予請 以此大迷之諸人被迷改過且自安生保見在之福

世而論說之宜直宜淺其可少乎哉洩論說之功豈不大哉 洩萬古聖眞密旨天機書之偏與凡夫言固有罪矣但後來聖眞得明道於論說之所洩豈不是此莫大之功乎 然洩道未必無干於天罪敢望曰天不

之罪而故意冒干之耶即此一點破家學道慈心救世之爲功抑可贖罪哉得悟於天下後世劫獨超出大迷而爲聖爲眞者又可無此洩道功之報哉（後來聖眞得明正道於論說不被邪說坑陷而竟成聖成眞亦當報今洩道之功）見此者幸毋謂我一見是書已盡見其道見之固易而生易見之心靡不亦自輕易視其性命（書成道之初迹耳道之精眞者日理道之實行者日）事理可以書求事未可盡以書行必要眞誠參師學道凡未得師者以此書考尋正門爲引進即此以爲引進師也已得師傳者以此書印證是否而爲信受奉行此即是印證師也若不求眞師救度專向書文

上誦章句偶見一斑妄稱全豹愚謂只可言悟書不可言悟性悟道由懷易見之心不識爲難遇難聞之天寶則其輕易視性命而喪失者將必不免矣

毋謂我一見書便見此道實可易行正遂我畏難之心即此易行而易行之自執善悟不求師而按圖索駿焉能了悟到至立至妙之眞實處而修證性命

書固載道正欲使人明道而淺直之古云得訣歸來好看書若先得眞師眞訣則見書眞可盡見道眞知易行若謂不必求師道已了然盡見易行古云差毫髮不成丹恐難悟透亦不免依然失性命也古云性由自悟或可因書命要師傳必經口耳則信之眞而行之勇此我今所望於後聖後眞也故又誡之曰毋輕忽爲易

尤毋謂盜此爲說言可應

世理可驚人足以師任之於已以徒視乎其人有此
誑人之心爲障爲礙恥於低頭實學竟不自悟自修
自證而亦不免於失性命
有等人不眞實參師學道
唯見此書一遍唸幾句誑
人曰我盡得傳某人道矣我今足爲諸人之師諸人
只可爲我之徒言至於此即楞嚴經所云未得謂得
是爲入魔故必害已德而墮爲魔民昨有一人即如
此誠之說見此未註舊稿偏語人曰我全得某人所
傳仙道之妙斯言也非贊揚實貶詞也一則以忽仙
道之爲易一則以增已學之爲慱不謂染指呑海曰
海盡呑矣而可乎以芥殼量海曰海盡量矣而可乎
作是言者可謂無正心無大志又一人在金陵媱惡
無度冒稱爲我虎皮張眞人門下人不知張門先戒
絕媱事媱念爲初功彼何必自投清淨門討箇擯斥

爲哉於是三者能不肯犯卽上三條誠詞也誠心參悟卽直論以究仙理徵直論以印師傳眞修實悟證聖證眞斯不負我染筆時一字一泣當論時欲不直奈何今世正道已盡絕恐無益於救正不得不爲仙佛宣明正法欲直論天則有譏而不敢言終必直之而冒譏故一泣我自癸巳至壬子二十年參師護師賣田舍破家計苦心苦行而得悟後之參師者未必能得年之久未必有可賣可破之家而可得故一泣人以一見論而卽知我以多年苦而輕洩我以自苦代人之苦我以所賣所破代人之以賣以破故一泣又或有人或有可費之資而不學眞仙道者徒費耳雖費而不求明如何修命得命之證如何修性得性之證泛然無着者徒費耳雖費而不苦心志苦功行以求必悟必成者徒費耳故一泣我

又爲衆言此以勸誡之爲終天地劫運之聖眞直而論泣而論者既爲參難洩易而割捨天機又爲世界既絕仙佛正道愈傳愈假我獨得悟又焉敢不爲仙佛正道留一線之眞耶令世世聖眞得所考據而爲師資矣將流行於天地之終而度盡仙佛種子爲聖爲眞成仙成佛之心也歟今世皆好房術婬慾而仙佛正道則絕盡婬慾心反正道雖見之亦不能救正間或有從救而不足必成書流行以終天地則盡未來之仙佛皆得普度是我繼諸仙翁救世度人立三千功行爲自修而已矣卽純陽翁所謂度盡衆生世尊佛及地藏菩薩亦謂度盡衆生言自利利人之果唯如是而後圓滿

天仙正理直論增註後跋終

冲虛伍真人著

仙佛合宗

善成堂藏板

序

沖虛子自序曰仙宗果位了證長生佛宗果位了證無生然而了證無生必以了證長生爲賓指了證長生必曰了證無生爲終始所謂性命雙修者也今我述斯宗厥意在仙宗其佛宗不過帶言而已名曰合宗者欲使天下後世同志聖眞知性命雙修爲要也向作天仙正理直論九章一以

闡明直論未洩之秘法一有聲口傳未悉之天機有是目錄而立中之立妙中之妙炳若日星矣得斯錄者精進修持成仙成佛庶不負我度人之苦心也歟

大明萬歷中濬帝閣下吉王國師維摩大夫三教逸民南昌縣僻邪里冲虛子伍守陽述

敘

沖虛眞人著天仙正理謂盡精微於直論致廣大於淺說廣大之不廢詳精微之不廢捷道之全體已無不著明矣而眞人啟迪後來之心有加無已復以門人平日講習語錄集而成帙名曰仙佛合宗欲後之讀正理未貫通者參之合宗而益備且以仙佛之名雖殊而功法纖細無不相合正

以見只此一事實餘二卽非眞庶後世知仙佛無二致而一切旁門異術無容惑其意見含正道不由而自趨於邪慝焉夫儒者存心養性以合天佛氏明心見性以大覺仙家淸心煉性以了道三教之所以爲教無非此身心性命而已仙佛之道卽聖賢之道也雖修煉精微古聖眞懼違天誠借爐鼎鉛汞以罕譬而喻名固紛歧其實

不外命與性而別有所謂爐鼎道路鉛汞
藥物也仙可合於佛不卽合於儒耶宗二
氏者豈容分道揚標矜尙新奇以惑世而
誣民是眞人合宗一書不特闡發淵微而
其維持斯道者益深切著明矣讀眞人之
書其抑識眞人之意也夫

光緒二十三年丁酉中秋日古雲安雲笠
鄧徽績謹敘於自然自在之軒

仙佛合宗

出神景出神收神法第八
末後還虛第九
附
門人問答
評古類

仙佛合宗語錄

大明萬歷中睿帝閣下吉王國師維摩大夫李子

三教逸民南昌縣辟邪里人沖虛子伍守陽譔

最初還虛第一

太和問曰直論中言煉已先務有當禁止杜絕之端又言不煉已有難成立功之弊可謂詳言煉已之要矣昨又蒙老師言最初煉已不過初入其門仍要還虛方入閫奧敢請還虛之理何謂也伍子曰儒家有

執中之心法仙家有還虛之修持蓋中卽虛空之性
體執中卽還虛之功用也惟仙佛種子始能還虛了
性以純於精一之至詣若夫人心則戾其虛空之性
體沖沖不安流浪生死無有出期故欲修仙體者先
須成載道之器欲成載道之器必須先盡還虛之功
虛也者鴻濛未判之前無極之初斯時也無天也無
地也無山也無川也亦無人我與昆虫草木也萬象
空空杳無朕兆此卽本來之性體也還虛者復歸無

極之初以完本來之性體也問曰然則何所修持始
盡還虛之功也答曰還虛之功惟在對境無心而已
於是見天地無天地之形也見山川無山川之迹也
見人我無人我之相也見昆虫草木無昆虫草木之
影也萬象空空一念不起六根大定一塵不染此卽
本來之性體完全也如是還虛則過去心不可得現
在心不可得未來心不可得頓證最上一乘又何必
修煉已之漸法也哉佛宗云無相光中常自在又云

一念不生全體現六根纔動被雲遮合此宗也

眞意第二

太和問曰直論中所謂返觀內照凝神入於炁穴敢求詳示返觀內照之旨伍子曰返觀內照卽眞意之妙用也蓋元神不動爲體眞意感通爲用元神眞意本一物也言元神亦可也言眞意亦可也故眞意卽虛無中之正覺所謂相知之微意是也返觀內照者返回其馳外之眞意以觀照於內也煉精之時眞意

觀照於煉精之百日煉炁之時眞意觀照於煉炁之
十月煉神之時眞意觀照於煉神之三年此返觀內
照之大旨也問曰凝神入炁穴之大旨又何謂也答
曰煉精之時有行住起止之功行則採取如是卽運
息以合神炁之眞意也住則封固如是卽停息以伏
神炁之眞意也起則採封之後眞意運息合神炁於
十二時中子時而起火也止則象罔之後眞意停息
合神炁於本根還虛而止火也可見行住起止悉皆

元神凝合於虛無中不謂之凝神入炁穴亦不可也猶未已也當大藥服食之後務宜定覺於黃庭之虛境雖周三千六百時之天未嘗一瞬息離於結胎之所不謂之凝神入炁穴亦不可也然眞意有動靜兼用之功有專靜不動之功尤不可不知也問曰何謂動靜兼用之功答曰初關煉精眞意採煉屬動封固屬動三年乳哺眞意出收屬動歸宮還虛屬靜此動靜兼用之功也問曰何謂專靜不動之功答曰中關

煉炁化神惟眞意定覺於黃庭穴之虛境爲結胎之
主但任督二炁自然之有無而不着意於二炁之有
無可見十月常靜未嘗易毫髮許也此專靜不動之
功也更進而論之三年乳哺已造還虛之極雖眞意
一出一收而實不着意於出收則是出亦靜收亦靜
謂之專靜不動之功也問曰動靜適宜自合妙機倘
失眞意其弊云何答曰煉精之時若失眞意則無招
攝二炁眞意合神歸定於玄根以妙元陽之用煉炁

之時若失眞意則無以保護二炁歸定於胎中以證純陽之果煉神之時若失眞意則無以遷神歸定於泥丸復戒愼出入於天門以施乳哺之功故子向有一誦云陽炁生來塵夢醒攝情合性歸金鼎運籌三百足周天伏炁四時歸靜定七日天心陽復來五龍捧上崑崙頂黃庭十月足靈童頂門出入三年整屈指從前那六工般般眞意爲綱領九年打破太虛空乘鸞跨鶴任遊騁此子總誦陽關三疊咸不離夫眞

意眞意之用大矣哉然須知眞意不涉校量一涉校量卽非眞意矣佛宗云擬議卽乖校量卽錯合此宗也

水源清濁眞丹幻丹第三

太和問曰直論中有不知先後清濁之辨不可以採取眞炁何謂也伍子曰先後清濁卽水源之辨眞丹幻丹之所由別也問曰既云丹均是陽精所成何有眞幻之別也答曰水源既有清濁之殊則成丹不無

眞幻之別若築基昧此則違眞從幻往往有之矣今爲爾詳言之凡有念慮存想知見睹聞皆屬後天所謂濁源也陽精從此濁源中生因而採封煉止縱合玄妙天機終成幻丹以其水源不清也若夫無念無慮不識不知虛極靜篤時即屬先天所謂清源也陽精從此清源中生則採封煉止兼合玄妙天機遂成眞丹以其水源不濁也凡陽精從清源中生即須採而煉之倘陽精從濁源中生棄之不可採也誠能最

初還虛則採煉陽精悉就眞丹自無幻丹之謬矣古
云煉藥先須學煉心誠有鑒於水源之宜清者佛宗
云心濁不清障菩提種合此宗也

火足候止火景採大藥天機第四

太和嚴整衣冠拜竟膝下西立問曰直論中所謂三
百周天猶有分餘象閏數一候立妙機同於三百候
義旨云何伍子曰此言火足之候也所謂三百周天
者三百妙周之限數也欲人知火足之候在得立機

之周天滿三百候之限數也凡行小周天之火有善於行火者有不善於行火者善於行火者水源清眞採封如法煉止合度心不散亂意不昏沉以至三百息數斷而復連神炁不均時離時合此一周天乃失玄妙之周天也除失玄妙機之周天不計外獨計得玄妙機之周天要滿三百候之限數方爲火足之候止火之候此積於內者也猶有龜縮不舉之景并陽光二現之景皆爲火足之候止火之候此形於外者

也故佛宗有倒卻門前剎竿着之句又有成就如來馬陰藏相之句皆爲縮龜不舉之明證也又有寶勝如來放光動地之句亦爲陽光發現之明證也問曰陽光發現之時從何處而現答曰兩眉間號曰明堂陽光發現之處也陽光發現之時恍如掣電虛室生白是也當煉精之時卽有陽光一現之景斯時也火候未全溼根未縮一遇陽生卽當採煉運一周天以至採煉多番周而復周靜而復靜務期圓滿三百妙

周之限數而後已限數已滿惟宜入定以培養其眞陽靜聽陽光之二現可也於是由靜定之中忽見眉間又掣電光虛室生白此陽光二現也正是止火之景止火之候是時三百妙周之數恰恰圓滿龜縮不舉之外景次第呈驗矣此內外三事次第而到者也

問曰三事旣次第而到彼又謬自行火是何故也答曰此時動炁雖不妄馳於腎竅而生機卻動於炁根故炁機發動或一動二動亦所有事彼昏不知覺其

二動以為可採輒行採煉者有之是以有傾危之害也問曰欲免傾危須究其顚驗所以然之理祈老師更為歷歷言之答曰築基已成精盡成炁封好限數圓滿限數既滿則火之已足足徵矣攝此動炁凝成丹藥方得淫根如龜之縮既已龜縮則藥之已成又足徵矣陽關已閉無竅可通方得淫根絕無舉動既絕不動無精可煉則火之當止又足徵矣所積陽炁盡復炁根方得暘光二現光既二現則暘炁之可定

於炁又足徵矣故陽光二現縱有動機亦去其火更宜入定以培養其眞陽靜聽陽光之三現可也由是靜定之中忽有眉間又掣電光虛室生白此陽光之三現眞陽團聚大藥純乾方得陽光三現光既三現則炁根之內已有大藥可採又足徵矣要之止火當自陽光二現爲始止至三現爲終故二現三現皆名止火之景止火之候猶是陽光三現方名採大藥之景大藥之候也問曰行火至於陽光四現遂至傾危

其何故也答曰此由不依止法妄自行火之過也可知陽光三現大藥可採若行火至四現則大藥之可定者必隨火之不定者而溢出於外化爲後天有形之精矣可不戒哉佛宗云如來善護寶珠自然放光有節合此宗也

七日採大藥天機第五

太和作禮曲膝問曰直論中所謂七日口授天機採其大藥未審大藥何以必須採於七日也伍子曰陽

光三現之時純陽眞炁已凝聚於鼎中但隱而不出耳必用七日採工始見鼎中火珠呈象祇內動內生不復外馳故名眞鉛內藥又名金液還丹又名金丹大藥異名雖多祇一眞陽卽七日來復之義也問曰採大藥天機求老師垂慈詳訓答曰以初採言之其呼吸之火自能內運任火自運絕不着意於火亦不馳意於火方合立妙機之火也此時用火尤當入定而單用眸光之功時以日間用雙眸之光專視中田

夜同用雙眸之光守留不忘如是以採之大藥自生
陰符經所謂機在目者此也問曰天機已明但採之
而採之所以得生之理尚求教益答曰採之而所以
得生之理有四說焉蓋以交姤而後生勾引而後生
靜定而後生息定而後生問曰何謂交姤而後生答
曰心中元神屬無形之火腎中元炁屬無形之水心
中無形之火神因眸光專視而得凝於上則腎中無
形之水炁自然薰蒸上騰與元神交姤而無上下之

間隔矣無形之水火既以交姤於上則久積純陽之光自然團成大藥如火珠之形發露於下矣如天地氤氳萬物化生者然蓋無形能生有形自然之理也古云玄黃若也無交姤怎得陽從坎下飛卽此義也

問曰何謂勾引而後生答曰雙眸之光乃神中眞意之所寄眸光之所至眞意至焉眞意意屬土土乃中宮之黃婆黃婆卽勾引媒妁也黃婆勾引於上則大藥自相隨而出現於下矣古云中宮胎息號黃婆卽此

義也問曰何謂靜定而後生答曰元神因眸光專視歸凝上之本位而得定機則元炁亦歸凝於下之本位而得定機神炁俱得定機由是元炁成形因定而生動祗動於內生於內矣古云採眞鉛於不動之中又云不定而陽不生即此義也問曰何謂息定而後生答曰此是後天自運之火亦因神炁之定機而有所歸依自然伏定於炁根而無上下之運行矣眞息一定大藥自生眞息不定大藥必不生矣古云息定

採眞鉛卽此義也此四說者皆以眸光為招攝故其
至意乃爾也昔本宗生上祖相傳一偈云金丹大藥
不難求目視中田夜守留水火自交無上下一團生
意在雙眸旨哉此偈也須知大藥生時六根先自震
動祗知丹田火熾兩腎湯煎眼吐金光耳後風生腦
後鷲鳴身湧鼻搐之類皆得藥之景也大率採藥至
於三四日間眞定未定之時得藥六景卽次第而現
若採藥至於五六日間則眞意一定則大藥已生矣

故七日之期亦大概而言之耳佛宗云天女獻花又云龍女獻珠合此宗也

大藥過關服食天機第六

太和插血盟天作禮四拜長跪問曰七日採藥天機業已蒙恩傳授但直論中所謂大藥過關有五龍捧聖之秘機未審是何取義箇中幻妙恭望大慈俯垂詳剖伍子曰前派仙師欲明過關秘旨故借立帝捨身得道之事以喻言之所以喻言之者以五乃土數

眞意屬土龍乃元神元神乃眞意之體眞意乃元神之用體用原不相離故云五龍捧聖卽大藥之喻用意引大藥過關故曰五龍捧聖也其間有過關服食之正功向以詳言於三次口傳之內矣茲不復贅益以童眞與夫漏精二度之人則過關服食之助功自當應用若漏精多度則此助功不復可用卽當行過關服食之正功矣問曰正功天機求老師詳示答曰天機示汝汝當珍重今且以大藥初生言之固其多

精積累始得形如火珠此先天純陽之炁能生後天
眞息之火火藥全而生故言藥不言火而火卽在其
中矣大藥發生不附外體祇內動於炁穴須知炁穴
之下尾閭界地有四道岐路上通心位前通陽關後
通尾閭下通谷道三竅髓實呼吸不通谷道一竅虛
而且通乃炁液皆通之熟路又炁液皆通乃平日所
有之舊事故直論註中有熟路舊事四字卽指此言
也尾閭谷道一實一虛故名下鵲橋尾閭關上夾脊

三竅至玉枕三竅與夫鼻上印堂皆髓實塡塞呼吸不通鼻下二竅虛而且通乃呼吸往來之徑路印堂鼻竅一實一虛故名上鵲橋關竅既明則防危慮險之功尤不可不知也葢大藥將生之時先有六根震動之景六根既以震動卽當六根不漏以遂其生機大藥既生之後六根卽當遷入中田以化陰神務先逆運河車而超脫之尤當六根不漏以襄其轉軸故下用木座抵住谷道所以使身根不漏也上用木夾

牢封鼻竅所以使鼻根不漏也含兩眼之光勿令外
視所以使眼根不漏也凝兩耳之韻勿令外聽所以
使耳根不漏也唇齒相合舌抵上腭所以使舌根不
漏也一念不生六塵不染所以使意根不漏也既能
六根不漏可謂防備之至密矣猶未已也方大藥之
生於炁穴也流動活潑自能飛昇而上騰於心位心
位不貯自轉向下田界地而前觸夫陽關陽關已閉
自轉動中田界地而冲夫尾閭尾閭不通必自轉動

由尾閭而下奔走谷道谷道易開大藥洩去前工廢矣此下鵲橋之危險也卽曹上二眞人走丹之處預用木座狀如饅首覆棉取軟座抵谷道其勢上聳不使大藥下奔既爲外固之有具矣又有內固之法焉大藥冲尾閭不透自轉動而有下奔谷道之勢纔見其下奔卽微微輕撮谷道以禁之斯爲內固之至嚴矣內外如此固嚴自能保全大藥不致下奔於谷道祇附尾閭遇阻而不動矣斯時也若用眞意導引則

失唱隨之機縱導引頻頻終難過關故有善引之正
功焉纔見其遇阻不動卽一意不動凝神不動動而
後引不可引而使動也忽有自動衝關卽隨其動機
而有兩相知之微意輕輕引上自然度關尾閭而至
夾脊關矣關前三竅髓阻不通大藥遇阻不動惟是
一念不生凝神不動以待其動忽又自動衝關卽隨
其動機而有兩相知之微意輕輕引自然度關夾脊
而至玉枕關矣關前三竅髓阻不通大藥遇阻不動

惟是一意不生凝神不動以待其動忽又自動沖關
卽隨其動機而有兩相知之微意輕輕引上自然度
過玉枕直貫頂門向前引下至於印堂印堂髓阻不
通自轉動而妄行於鼻下便道之虛竅矣若非木夾
爲之關鎖幾何而不淪於洩也洩則前工廢矣此上
鵲橋之大危險也故木夾之用不可不預爲防也預
防有具則大藥不致下馳於鼻竅祇附於印堂遇阻
而不動矣惟是一意不生凝神不動以待其動忽又

自動冲矣卽隨其動機而有兩相知之微意輕輕引下自然交過印堂降下十二重樓猶如服食而入於丹田神室之中點化陰神爲乾坤交姤蓋通中下二田合而爲一者也此過關服食正功也昔本宗 丘祖偈云金丹中上幹天罡何患阻橋又阻關一意不生神不動六根不動引循環旨哉此偈也蓋夫天罡居天之正中一名中黃星一名天心一名斗柄在天爲天心在人爲眞意大藥憑眞意之轉旋而升降猶

天輪藉天心之幹運而循環皆一理也須知初用木座抵住谷道之時因其勢已上聳不使大藥下奔故大藥冲尾閭不透亦有不下奔谷道即不必行輕撮谷道之事惟用過關之正功而已然過關正功其行住之機惟在順其自然為要也佛宗云未有常行而不住亦未有常住而不行合此宗也

守中第七

太和問曰直論中謂欲將此炁煉而化神必將此炁

合神爲煉何爲必將此炁合神爲煉也伍子曰旣得金丹大藥逆運河車入於神室之中矣倘其神光失照則大藥失其配偶而旋傾故必以元神爲大藥歸依以大藥爲元神點化相與寂照不離則陽炁自能勤勤發生乃與眞意相運於神室而元神得其培養以相煉也問曰何爲將此炁煉而化神也答曰大藥得火炁相運於神室旣能點化神中之陰陰神賴以降服而念慮不起又能培補神中之陽陽神愈益陽

明而昏睡全無不謂之煉炁化神不可也又問曰直論中既言伏炁於丹田炁穴中而結胎其後正文又言大藥轉舊黃庭結胎之所蓋炁穴屬下田黃庭屬中田何以言結胎之所有二田之別也答曰初行大周天之火元神雖居中田卻連合下田二炁以爲妙用必元神寂照於中下二田相與渾融化爲一虛空之大境使二炁助神結胎故二田皆是落處若拘守於一田則神有滯礙而失大圓鏡之智用矣問曰直

論中所謂守中之理敢請詳訓答曰中也者非中間之謂中乃虛空之謂中守也者非拘守之謂守乃致虛之謂守守中也者不着意二田亦不縱意於二田卽所謂元神寂照二田成一虛空是也故能保中之體者一念不生寂然不動直守到食脈兩絕昏睡全無亦須臾不離於寂也能靜中之用者靈光不能超脫塵根直守到二炁俱無念無生滅亦須臾不離於照也從來體用不分寂然同用所以全十月養胎之

要務者葢如此問曰直論者言胎又言胎息又言眞胎息請一一言之答曰十月之關有元神之寂照以爲二炁之主持故云胎有二炁之運行以爲元神之助養故云胎息忘二炁運行助養之迹而胎神終歸大定故云眞胎息也問曰大周天火候請更詳言之答曰是服食大藥之後三關九竅阻塞之處盡以開通須知此後二炁勤生自能運轉於已通之正路服食於二田之虛境以培養夫元神故其一升一降循

環不已亦自然而然者也可見此時之火自不用意引之火火既不用意引又豈可着意於火而凝滯夫元神之大定也哉惟是不見有火方合不有不無之文火為大周天之火候也然非元神寂照於二田之虛境又安得二炁之動發生運養不絕有如斯也問曰十月關中歷月自有景驗願聞其詳答曰初入定時守定三月則二炁之動機甚微但微動於臍輪之虛境而已若守至四五月間則二炁因元神之寂照

以至服食已盡而皆歸定滅元神因元炁之培育以致陽明不昧而得證眞空二炁俱停食性已絕獨存一寂照之元神以爲胎仙之主矣更守至六七月間則昏睡全無守至八九月間寂照已久百脈挨住更守至十月期候足純陽神歸大定於是室能生慧自有六通之驗矣六通者漏盡通天眼通天耳通宿命通他心通神境通是也前煉精時已有漏盡一通至此方有後五通之驗也蓋天眼通則能見天上之事

天耳通則能聞天上之言宿命通則能曉前世之因他心通則能知未來之事惟神境一通乃識神用事若不能保扶心君卽爲識神所轉卻自喜其能修能證而歡喜魔已入於心矣曰喜言入問之禍福喜言未來之事機禍不旋踵而至矣惟是慧而不用則能轉識成智始得證胎圓之果也古云三萬刻中無間斷行行坐坐轉分明正所以發明十月養胎祇在綿密寂照之功而已全也問曰直論註中謂卯酉子午

之位是沐浴之位故初關活子時有沐浴用何以中
至十月亦有沐浴之用弁防危慮險之機乞師詳示
答曰五行各有長生之位如長生沐浴冠帶臨官帝
旺衰病死墓絶胎養也寅申巳亥爲長生之位火長
生在寅沐浴在卯死在酉水土長生在申沐浴在酉
死在卯金長生在巳沐浴在午死在子木長生在亥
沐浴在子死在午故卯酉子午之位是沐浴之位亦
是死而不動之位也當知洗心滌慮爲沐浴之首務

二炁不動爲沐浴之正功又當知眞炁薰蒸亦是沐浴之義也防危慮險防其不洗心滌慮也若不洗心滌慮則難得眞炁薰蒸以臻二炁不動之効故沐浴義之用祇在綿密寂照之功而已直論註中有欲知沐浴之義之用可以查語錄中者全機者此也所謂一年沐浴防危險者亦此也問曰慧而不用始證胎圓胎圓確證尙冀明詳答曰數月以前二炁俱無食脈兩絕已有明徵矣是以無論在十月關內十月關

外但有一毫昏沉之意餘陰尚在有一毫散亂之念神未純陽必須守到昏沉盡絕散亂俱無之詣方為純陽果滿之胎神而已入於神仙之域矣佛宗云初禪念住二禪息住三禪脉住四禪滅盡定合此宗也

出神景出神收神法第八

太和問曰直論中所謂神已純全胎已滿足必不可久留於胎再用遷法自中下而遷於上丹田以加三年乳哺之法伏望指示答曰上丹田一名泥丸宮陽

神歸伏之本宮也歸伏本宮陽神未壯健如嬰兒幼
小必憑乳哺故有乳哺之名焉倘拘神於上丹田之
小境則失還丹之義旨大悖乳哺之法矣其法兼存
養之全體出收之大用而言者也蓋存養之功不着
意於上丹田惟一陽神寂照於上丹田相與混融化
成一虛空之大境斯為存養之全體乃為乳哺之首
務也存養功純自有出神之景焉出神景現神可出
矣當出而不出則不脫不超難入聖階故出神之景

在所當知也當其存養功純忽於定中見空中六出紛紛卽出神之景也斯時也卽當調神出殼一出天門而旋卽收焉則以太虛爲超脫之境收則以上丹田爲存養之所須知出收之時少而存養之時多又出宜暫而不宜久宜近而不宜遠始則出一步而旋收焉或出多步而旋收焉久之或出一里而旋收焉或出多里而旋收焉乃至百千里以漸次而至不可躐等而至也所以然者以嬰兒幼小迷失難歸或有

天魔來試亂我心君故須出入謹愼方能全虛空之全體於往來之中以完夫乳哺之大用也古云道高一尺魔高一丈不但天魔來試道行抑且識神變化使無總要保扶心君爲上若乃仙佛種子最初還虛功純則靈台湛寂不染一塵永無一物魔自何來此又越度等夷者矣故修士當此最初還虛爲急務若夫乳哺謹愼還虛於三年則陽神始得老成自可達地通天入金石而無礙佛宗云始成正覺如來出現

又云神出胎成親爲佛子合此宗也

末後還虛第九

太和問曰直論中有上關煉神九年面壁之名末後還虛未審煉神義旨求師詳示伍子曰煉神也者無神可凝之謂也緣守中乳哺時尚有寂照之神此後神不自神復歸無極體證空虛雖歷億劫祇以完其恆性豈特九年面壁而已哉九年云者不過欲使初證神仙者知還虛爲證天仙之先務也故於九年之

中不見有大道之可修也亦不見有仙佛之可證也於焉心與俱化法與俱忘寂之無所寂也照之無所照也又何神之可云乎雖曰無神豈不可以強名故強名以立法名爲末後還虛云耳佛宗云欲證虛空體示等虛空法證得虛空時無是無非法合此宗也

門人問答

太和一問曰蒙師指我以真藥物猶未明辨何以爲真藥物之真取也伍子曰真藥物即真精也彼後天

交姤之精卽非眞精先天之精謂之眞精世人能說眞精不過執後天交姤之精冒認爲眞精者也或有暗與道合偶爾一遇其眞者有之終不知其所以然之妙也何也彼世人有從有念而爲精者所謂交姤之精是也有從無念而爲精者卽所謂先天元精是也於此二者人人煉之而終無成亦世間凡夫傳世間凡法耳子從凡夫學煉者矣按其無成便見其藥之猶不眞也當知有超此而爲眞藥在也夫無念而

得爲眞精者國是也雖有知眞精而不得元神靈覺如是如是精雖眞而不能爲眞精用此上天所秘之妙實在如是得此卽天仙矣舉世人所不得知之妙實在如是海誓山盟而不敢輕洩者實在如是得此卽爲世尊佛矣不得此卽談宗說道皆成幻妄虛言矣子今得此明言精始眞矣藥始眞矣下手一試之起首便能合道悟一步則行一步行一步則入一步入一步則得一步則知不傳之妙得藥之靈證道之

速非彼世人所得知所可及也而世人誤信邪師誑惑者可勝惜哉

太和二問曰如何辨水源清濁伍子曰水喻眞精清屬先天濁屬後天源者精炁之所由以生者此先聖示人至切之語奈何世人錯辨聖言罔誣後學不自源字上用辨只於清濁字勞心謂無形之精爲清有形之精爲濁嗚呼此地獄種子之說也殊不知先天之精欲靜極而自動炁至足而源自清可謂眞藥物

矣而元神靈覺即能和合是謂以覺合覺隨而採取
隨而烹煉不作世緣念想用功一刻即長一刻黃芽
而金丹可就仙道可冀若念想塵緣擬議習染而後
天之精因以以生則純是後天思慮之神所致此源
濁者不可用以其眞炁不足不産黃芽而生死可必
者也或有水蹤自動而源亦清矣其元神靈覺雖覺
而不正覺墮於塵緣習染轉爲後天思慮之神所攝
則不復清眞而用之亦無成藥之理如此辨得源字

眞藥斯眞矣

問曰水之清濁何由神炁清濁答曰靜定中神炁合一由是靜亦神炁一動亦神炁一時至神知即神炁同動是也動而外馳逐妄則爲二動而不馳外猶然合一非清淨眞而何元神一馳精炁一馳元神一散精炁一散非濁而何所謂開口即乖擬議即錯者此意也問曰清濁爲何答曰清炁者天之本體欲爲天仙必明清炁合天之本體而後能與天合德若有一

毫行而不能妙則同於地體而合地德正爲地仙矣
有志於天仙者不可不辨之也
太和三問曰承諭煉精煉元精未審何爲先天元精
伍子曰元精者身中無形之精又名元炁而能生有
者是也隱於寂眞之中靜極而動則生精是天地自
然循環之道理當如是故由靜極而生之精則炁足
故卽成丹不用交感精者以其偶觸耳觸目而生之
不由靜而炁不足炁不足者元非丹本卽不能成丹

以此故精生有時知眞時者卽得元精不知眞時者
卽不得元精予有一詩子其悟之詩云元精何故號
天仙非形非象未判乾太極靜純如有辨仙機靈竅
在吾前夢間妙覺還須覺識破眞玄便是玄說與後
來修道者斯言不悟枉徒然明矣
太和四問曰如何是藥生採取如何是運火煉丹如
何是成道伍子詩云陽烝生來塵夢醒攝情合性歸
金鼎運符三百足周天伏烝四時歸靜定七日天心

陽復來五龍捧上崑崙頂黃庭十月產靈童雲霄駕鶴任遊騁

太和五問曰世人學道有必之調息者執呼吸而不已障於道而無成有云不必調息者縱呼吸而不顧背道而不知所爲何事皆凡夫外道擬議作知見耳未審得如何是仙家調息伍子曰調息之義難言也汝自悟來而後可言問曰參悟已不知旨故詳問之答曰調息者調其進火退符沐浴溫養之義也一呼

一吸爲一息不呼不吸亦爲一息當呼吸之息心與息不相依則不調心息依矣蕩然慢行而不由眞息之緒則不調古仙所謂調息要調眞息息是也能由眞息之道矣行之太速則近蕩而不調行之太緩則隨有相之炁而必成大病古人所謂非煉呼吸之炁者是也亦不調也問曰必如何而後可言調答曰速而不蕩緩而不滯而能由眞息之道者是不見其有謂之勿助不見其無謂之勿忘非有非無非見非不

見合乎自然同乎大道此一呼一吸者不得不如是也問曰不呼不吸之息如何答曰非閉炁也閉則失於急而不調亦如禪宗人所言轉身吐得炁而後可稱禪那拄杖非縱炁也縱則失於無知而不調亦如禪宗人所云未得山窮水盡處且將作伴過時光而後可能攝心一處問曰如何是大用答曰古云自有天然眞火候不須柴炭及吹噓如此便是自然靜定定靜不已百尺竿頭猶進一步至於久而安安者和

也和而能冲冲和之理得矣然眞息在內本無實相如若空空無息非果無息而實有也不息則無相無相則不見有也所謂空而不空不空而空所謂空不空如來藏者不外是也悟得眞空是性者方能調此眞息息不能調終難大定人能卽此息而離此息斯可入滅盡定矣咦滅盡定而能出定神通境界正有參悟向上事在也

太和六問曰藥火之說紛紛不知所以信受一云神

是火炁是藥以神馭炁即以火煉藥此即言神言炁
爲二也一云火即藥藥即火即言不分神炁一也一
云採時爲之藥煉時爲之火意謂神炁皆可言藥皆
可言火二說同耶異耶伍子曰同說問曰言旨似異
而理旨何同答曰皆以神馭炁也採時炁向神中神
炁合一而同升同降而得藥矣則謂之藥也可即得
汞之物而名眞鉛者是也煉時神歸炁穴神炁渾融
而同行同住則有火矣則爲之火矣可即得鉛之物

而名眞汞者是也縱二物交併歸一矣謂火謂藥謂一謂二何所不可我有詩云子其悟之詩曰言鉛言汞總言非日月雙輪馭炁飛子後並升天上去午前同降地中回歷神十二皆留伏灌頂雙雙默轉移古聖強言爲火藥不離神炁自相隨

太和七問曰何謂如猫捕鼠伍子曰猫捕鼠四足據地不動之勢也雙眼視穴見鼠卽擒也故陰符經云機在目又曰長生久視禪家云正法眼藏皆此義也

謂寂然不動感而遂通者可不似百日關中知白守黑知雄守雌乎可不似晝夜靜觀以除六賊者乎可不似偃坐靜室恆作是念者乎故以猫喻主人以鼠喻塵障但捕鼠掃塵皆小成有爲之事耳過此者而忘猫忘鼠無慮無我而後可也

太和入問曰何謂冲和伍子曰冲和者不息之息也光塞天地薰蒸一身不爲呼吸之所障亦不爲升降之所困沐浴故曰當然守中亦稱密法世人不知調

息之謂何我則曰謂其息之活而沖也世人不知防危慮險我則曰防其不和而沖之危險也惟和故沖和不和則不能沖採藥以是野戰以是守城以是結胎以是養胎以是矣問曰以是若何景象答曰不偏不倚無過不及不疾不徐非無非有問曰是何作用答曰夫妻並肩陰陽合一晝則同行不前不後夜則同住不逼不離如斯了悟便是沖和道理

太和九問曰如何是防危慮險伍子曰自始至終正

多危險且藥生有時不知其時而採取而當面錯過此危險也採藥有候失其候不得其眞焉此危險也其於黃赤二道茫然不見其循由此危險也進火不知進之有所當止之地亦不由進之所當起之處退火不由退之所當止之地此危險火足而不知止者有傷丹之危險得藥而不能升三關者有敗藥之危險冲關而竅不眞通是危險關竅通聚者而或條散是危險三關過矣而危險在鵲橋鵲橋渡矣而危險

在服食歸黃庭步步向竿頭進一步無着腳處虛空着一腳大有危險者天花亂墜乃不能出其陽神卽不能無危險者也出定入定危險其能盡逃卽如斯危險俱勘得過勘盡無餘僅僅超脫得一箇死生輪迴謂之長生不死方爲有分與道相應自後證到虛空不壞始無危險所謂萬般有壞虛空不壞是也

太和十問曰何謂沐浴伍子曰沐浴者煉藥煉神之要法火候之秘機故不敢直言輕洩也而記喻沐浴

以示其意云耳夫五行在世道中別有所論生死之理長生一沭浴二冠帶三臨官四帝旺五衰六病七死八墓九絶十胎十一養十二位是也生處有死死處有生仙家之法謂火長生在寅第二之沭浴在卯位故借卯位爲沭浴之名而獨爲卯時所當用之機以陽符其火候者水之長生在申第二之沭浴在酉位故借酉位爲沐浴之名而稱酉時所當用之機以陰符其火候者然卯酉子午爲四正之法故入藥鏡

云看四正是也問曰人皆言卯酉子午不行火候今乃謂之要法謂之秘機得無有火候而與衆言相違者乎答曰聖眞言此時之火以不行爲候也此隱言也非全無火候而不行也我得之師眞而知之實不違於衆也而衆自違之彼衆人依傍仙聖之隱言遂言卯酉二時之沐浴不行火候而世因不能辨我則詠之曰世稱沐浴不行火不識呼嘘寄向誰要將四位融顛倒纔得金丹一粒歸此足以發明之也有謂

二八卯酉之月不行火候而沐浴者顯知其非也且論知非非之法安在以其有鍾離仙祖之言一年沐浴防危險者可證也薛紫賢眞人亦云一年沐浴更防危以此證也知十月懷胎皆沐浴本不執於二八月乃言世法中天道之理爲喻以法明沐浴時生死之機既言莫向天邊尋子午又豈有曆數中尋卯酉耶若使養胎而廢二八月之功則神馳炁散而背道抑可使婦人懷胎而二八兩月不懷孕乎今此洩萬

古之秘與我註之天仙正理直論相爲大用後之遇
仙授道嗣我　三長春眞人嫡派者必當從此引證
過而後之爲眞仙道矣
太初一問曰修眞功夫如何起首伍子曰少壯之人
神炁動靜循環之機速陽生之後採取烹煉所謂一
陽初動中宵漏永是也乃有藥而行火也老邁之人
神炁衰謂之老來鉛汞少者則動靜循環之機遲則
敲竹鼓琴爲喚龜招鳳之權法而後陰極陽生即謂

撥轉頂頭關捩消息者是也所謂卻將北斗向南移
神運河車無了期運罷河車君再睡明朝依舊接天
機乃火先而又生藥行火也此起首玄妙天機而世
人不得知者有如此舉世皆言衰老者不可修益不
聞此理也我則曰有此一口氣在皆可為之黃庭經
云百二十歲猶可還丹一古人八十尚還丹老子嘗
言頭上白衰衰老老者又安可自諉哉少者見斯亦
無自怠

太初二問曰甚時候是初用功之時伍子曰凡人炁與神皆日主動而夜主靜天然之靜惟夜爲然我於萬歷壬寅春初試百日關於家守一月調息次一月精進時至神知運一周天自是以來一夕行過三五周天又至十餘周天精盡化炁火候足矣遂得止火之景而止之約兩月之餘總三月之季古稱百日築基者信哉昔　曹還陽真人下功夫時晝夜功勤不五十日而火足採其大藥五日而得火珠馳驟上沖

下突有自然拔關之妙始知天仙金丹大道獨異於世眞不違仙旨之聖哲也歟

太初三問曰止火之候何謂至要伍子曰丹熟則可止火丹未熟則火無止丹熟而不止縱經多劫而不能超死生未脫凡胎猶有生死在非道也惟止火候而有服食脫胎正爲超凡入聖關頭第一玄機夫火旣止而採金丹大藥混沌七日除一日二日之前速而不得丹之外於三四五六七日其或一日之間丹

田火熾兩腎湯煎風呼耳後鷲噪京呌斯時也眼底金光田中大藥一粒至矣又名水裡玄珠乃由青龍姹女採取而來故畧言之曰龍女獻珠得受持者獲無漏果證無量壽豈忽忽而不知究竟哉

太初四問曰世人不知止火者其後如何伍子曰知止而止而後知用採大藥之功不得大藥則安於小成不過長生而已其眞炁猶可散其基亦可壞必知止火而後能超脫不知止則不能別用採也採而得

矣力足以過關是知辨得水源之清行得火足而止火候不差之力也若藥不應採而不採或採而力不足以通關是水源之不清眞而火未及當止火候之病也則前功盡棄與走丹無異須從丹頭煉而後可此丹一成卽爲長生不死之神仙歲千二百歲八百歲五百年老古錐皆是也尚未超劫運所以古聖有云未煉還丹須速煉煉了還須知止足若也持盈未已心不免一朝遭殆辱又云饒君八萬劫終是落空

亡可不愼哉

太初五問曰何謂周天火候伍子曰周天如日月之行天一晝一夜行一周天是也問曰如何云爲一周

答曰天之周圍三百六十五度有餘者也借以太陽日度言之其初上升自地之下轉而運上於天之上運而後下於地之下遍過三百六十五度謂之一周一日一周而明日又一周積三百六十周而爲一年煉金丹之火候當神炁並行之初亦從地下運升於

天之上古聖謂之黃河水逆流一謂之曹溪水逆流一謂之洞庭水逆流而亦順降地之下一周於天者也然三百六十度又象一年三百六十日卽此一年之象便能復還一年之炁也問曰身中造化如何合得天地度數答曰許眞君云二百一十六用在陽時自子至午六陽之時名三十六爲度也又云一百四十四行在陰候自午至亥六陰時名二十四爲度正合三百六十之數也問曰古聖又稱小周天大周天

之說果何所用而分大小平答曰鍾離祖云一年沐浴防危險者大周天也

紫陽祖云只此大周天一場大有危險不可以平日火候例視之也其言平日火候者小周天也小周天用於化炁時眞中玄妙有子午二時之陽火陰符然卯酉二時之沐浴也大周天用於化神時其中之妙有不息卽有無之息是也如是而言火候少有彷彿其迹者而玄妙天機猶在參悟自有眞機而言不能

盡述

從姪太乙伍達行一問曰天仙正理直論之鼎器以爲下丹田中丹田也今日教旨以乾坤爲鼎器可是一說二說伍子曰非有二說也用之時異也今言乾坤爲鼎器者是百日煉精化炁時也凡採下之炁必自上至於天頂之上取上之炁必自下至於地腹之中斯有歸着故云歸根自有歸根竅復命寧無復命關雖欲舍乾坤不能也問曰何故有上自下之理答

曰元精屬水本往下流易於灌根而五臟皆有精炁皆有系管而行於二十四椎之間欲逆之而回故必由之以向上向上則離息炁而得真炁矣元神發動於思慮本如火而炎上界於意耳眼鼻舌欲逆之而回故向下依於精炁自下則離舊境而盡脫回生矣

問曰中下二田謂之鼎器之理如何答曰下田即煉精之時說中田即煉炁化神之時也前化炁時用上田之乾下田之坤極至其上下二田而虛其中田化

神時用在中田而上下特所經行之虛道耳而三田各有所當所用之時故各名爲之說有緣遇此者見聞此說當識之爲定論

太乙二問曰直論中云當呼而闢不降不升當吸而闔不升不降此旨幻妙是不能測願再詳之伍子曰昔鍾離祖師度純陽呂祖已言可升之時不可降可降之時不可升矣謂之一陽初動元精流動而欲下故六陽時從子後皆升以升之升採取也無可降之

理則不降也升而旋歸於本根矣至六陰時從午前皆降以降之降而烹煉矣無可升之理則不升也所以妙於升降顚倒用之始得其妙此萬古不傳之天機也

太乙三問曰藥物之首世人皆用交姤以取精如是妖人淫心邪說惑世誣民不必論矣今言精炁雖眞而不得爲眞精用願聞何旨伍子曰不得爲眞精用之妙有兩句仙機一是眞種時至而神不知則無配

合而不能留一是知眞精時至而不能配合採取之
時過早烝嫩而不成丹所以萬刼之人修之無成問
曰上聖只說時至神知之果有眞機之妙乎伍子曰
然此上天帝眞大聖所共祕萬刼不傳之旨正在於
此絕於世法所談者不同所以世無金丹之道生不
能長者皆爲無此是清眞之中又有辨其至清至眞
易修易成之仙機也得此句後全要謹言我雖多言
者不過摹古寫其粗迹指人尋究之門令人咸入至

道如遇後輩入道之淺信道不深雖然問爲所以辨
我則遵天命而應之曰別有辨法非敢輕言言者聞
者皆有天責前聖獲禁戒之報詳傳記矣後世必有
眞心悟道者吾傳度之吾又恐其不知求所以爲辨
故當留此以爲後賢憤悱

太乙四問曰上古聖眞傳藥不傳火從來火候少人
知今更問藥有不傳火之祕問之果不聞其人人有
聞是聞之信有前因主主之也而火之不傳又何以

言之伍子曰火候再要自悟悟其順時合則非所言可罄也亦非有之所可肖也何以火不可傳不可言也且言所當起之候隨藥生之候固然矣於其火候同服之機有兩情相知之微意果同用不同用歟果相知不相知歟未可言其侶也文柔之候用進而升武剛之候用退而降文不過柔武不過剛剛變而柔柔變而剛升而不離二炁降而能順四時前此之所以言者抑曾以是為言乎而謂胎息又可易言乎其

肇也結胎之息從無入有矣而是若無於不息之中而成其有有無兼用之際也其旣也脫胎之息從有入無矣而是無無息中而靜定寂滅者正所謂無餘涅槃之極也天以不息之功爲胎謂之萬法歸一矣有一在則爲目之所易見心之所易知亦猶可易言易傳者也以無息大定而圓胎則又歸於無無矣無無者無其先天後天之二炁也無其心之生滅動靜之環也無其六脈而寂滅盡定也無無之見目有所妙其見

無之知心有所妙其知而謂無之無知則也不可何也嫌於晦昧非妙覺也而謂無之不可知見也不可何也嫌於不知復性眞之體也若此者此妙皆深入密修密證而致言者乎余斯多言猶是摹寫糟迹之教也猶是所到之萬一也子弗執此傳火便是以聞爲得以知爲得也萬幸萬幸

太乙五問曰法中有五龍捧聖前此未聞果前此凡爾不得抑前此聖眞無此法之可聞乎伍子曰有且

多皆功法之喻耳昔世尊喻之曰蘆芽穿膝豈磬石之能長蘆芽乎達摩喻之曰折蘆過江豈航海之僧海不以蘆而江以蘆乎皆其妙喻而獨惡愚夫執之妄言以誑世可羞也乎問曰此五龍捧聖之喻亦喻古人乎抑今日之喻也答曰前玄帝證道於軒轅黃帝五十九年甲子歲當離凡質以養神胎之際用此法留爲法象於五當山號捨身崖超脫凡胎也自五龍捧聖入聖位也喻此以示後人度人之心何殷也

故修仙傳道者得聞而謂惡無聞也豈虎皮座張眞人靜虛幽栖於武當其後口傳於蘆江李虛庵虛庵口傳於南昌縣武陽里之曹還陽口授止我及汝父眞陽得與聞者還陽有熊秀庵名守虛鄧紹光名守空皆新建縣西山之仙種也並曹還陽之子希名守立者數人虛庵以此得仙大顯神通濟民救世仙隱於萬歷乙卯年還陽以此證道含光太虛又仙隱於天啟壬戌年當此欲藏迹於西山之時已形於筆矣

吾亦因之以筆代爲口授普開後學而凡夫修仙佛最上乘妙道只此是聖凡分路他人縱說能仙有證非此一着無以透關脫凡證聖盡是誑語妄口胡談邪人惑世誣民迷心自悞者耳奚有於是哉惟此至要當秘之機不得不露一句令後人知此參求有志仙佛者不得輕議斯言背此不求者設修萬劫終難逃其六道可不思之爲急務哉

太乙六問曰如何是養胎如何是成胎伍子曰養胎

者煉炁化神之喻非是有胎也問曰既無胎何云養
答曰以其初養胎之時如無呼吸矣而又是有呼吸
若胎孕將産時生滅之相尚在出入之迹猶存名二
乘又名曰如來謂之如理而來如理而去故名如來
天仙道微妙難可知而華嚴之言不可驗乎燃燈佛
謂諸行無常是生滅法是也入涅槃而未是證由此
而漸超者也又稱爲漸法仙家謂之養胎其修成也
無呼吸而滅盡定矣若胎姤而未成胎渾然無物也

生滅之相滅已出入之迹寂滅心爲不生不滅之心身爲不生不死之身從此頓悟眞與虛空同過此以上則爲眞頓門不隨天地同壞者仙家謂之胎成而後脫胎出神所以楞嚴經云既遊道胎親奉覺徹如胎已成人相不缺身心合成日益增長形成出胎親爲佛子是也夫既喻之曰胎宜若有似於胎矣何也生人之理胎嬰在腹修仙之理胎神在心世人但聞胎之名而遂謂胎中是有嬰兒此又可笑之甚也有

志仙佛者不可不以此破疑

太乙七問曰如何出陽神伍子曰先天元精謂之眞陽得此眞陽而煉性通神入定得定謂之陽神不得眞陽之精配合以入定得定者只有陰神止習枯禪當下了得息無出入心不生滅到眞空境界方出得箇陰神猶有死生不免輪迴之小果耳所以四果之徒則生天生人之喈者以此陰神出而慧光發現止有漏盡通神境通宿命通他心通能全通之四所少

於陽神者乃天眼通天耳通二者不與者也以其不合純陽之天理陰性不能違天故也若天仙之道煉精得精煉炁得炁頓悟眞正陽神乃陰陽二炁合一之道者也入而靜則神通太虛出而顯則通天徹地千變萬化眼見宇宙手轉乾坤是爲眞陽也眞陽神卽眞空性體也不能見性則不得眞空不成陽神不到見性眞空實地必不能出陽神也問曰若何知是眞空實地出陽神之時答曰性合虛空而不神用不

係不染一塵不動絕無出入生滅已是眞空實地一見天花亂墜神念湧出頂門陽神超矣向上煉神還虛而合道矣問曰天花亂墜古聖眞旨遺言何也答曰不肯輕言洩道者有之不知者亦有之昔藍養素養胎於南嶽十月功成而不知此乃定於中而不能出劉海蟾祖師假李玉溪十韻寄之曰功成須是出神景內院繁華勿累身會取五仙超脫法養成仙質離凡塵養素遂撫掌大笑而出世尊說法至天花亂

墜而入證道者　上祖云若到天庭忽有天花方出陽神得初果也學者當知仙與佛同一功夫同一景象同一陽神證果彼嘐嘐然強談爲二者眞下愚不移者也

太乙八問曰何爲乳哺伍子曰煉神之喻也神炁定而爲一神神出矣所謂常定者正當有是也不常定則失定矣乳之養孩養臟腑而令俱足養形軀而令成人乳哺之功乃大矣蓋初定之陽神易搖必定而

久定而後子以煉神還虛之義明之煉者即乳哺之義也煉而又煉至合乎自然虛空即乳而又乳成其全體者也倘不常定於上田則止上乘而非上上頓而非頓神而不神或退迷於小果者有之或墜陷於異趣者有之所謂無色界尚有生死者此也乳至還虛同虛空體矣出三界之外生死不能縛天地不能拘又皆乳哺之力也乳哺豈可忽乎哉

太乙九問曰李虛庵曹還陽相傳以來有何言句伍

子曰虛庵有絕句詩二首律詩三首絕句第一云一陽初動漏遲遲正是仙翁採藥時速速用功依口訣莫教錯過這些兒　二云一陽初動卽立關不必生疑不必難正好臨時依口訣自然有路透泥丸　律詩一云識破乾坤顛倒顛金丹一粒是天仙要尋莫向深山裡說破無非在眼前忙裡偷閒調外藥無中生有採先天信來認得生身處下手功夫自口傳　二云若無火候道難成說破根源汝信行要奪入間

眞造化不離天上月虧盈抽添這等分銖兩進退如
斯合聖經此是上天梯一把憑他扶我上蓬瀛　三
云偃月之爐在那方蛾眉現處是他鄉色中無色塵
先覺身外有身道更香先取元陽爲丹粒薰蒸眞炁
醞黃粱其間釀就長生酒一日撇來醉一場　曹還
陽絕句詩云一陽初動是其時其時時至我自知謹
依師指臨爐訣自然擒住那些兒　二云一陽初動
本無心無心撥動指南針仔細臨爐分老嫩送歸土

翁結姻親二眞人詩句皆重宜大藥者耳金丹大道至難明者眞火眞藥也二眞人不得不爲之反覆悉言之詳也矣故並書以余言之考證

太乙十問曰鍾離眞人謂仙有五等天仙神仙地仙人仙鬼仙之目世人固知之猶未知何所修證之異而不等也伍子曰仙有五等其種則二二種者何也陰神陽神之不同也鬼仙者陰靈之種類也天地神人四仙者陽神之種類也大修行人能採取腎中眞

精陽炁配合心中本性元神宰運呼吸而爲小周天之火候薰蒸補助補得元炁充滿如十六歲純陽之體者此煉精已成炁者也炁足於下田須不用超脫離下而居中但能守在下田即是長生不死之果而名曰人仙人仙者不離於人者也此不過初機小成之果耳守之則永保長生若不守真炁復洩其精則與常人生死無異爲其不離於人猶不異於人也所以神馳則炁散精竭則人亡古人云留得陽精決定

長生人仙者已有焉地仙者從人仙而用功不已造一階者精已化炁則採取此炁而服食之淫根除矣出離欲界矣無炁絕之生死仙行於陸地猶有重濁凡質者故不離於地者也但不能敵三災由有呼吸乃爾也水之災可以塞呼吸之竅也火之災可以化呼吸之具也刀兵之災可以解呼吸之形也皆爲尸解若不尸解與神炁爲二終不能久行於地者也此地仙之名不虛也從此以進自一月至十月行大周

天之火以不息爲息煉炁化神神合矣是名神仙無呼吸之炁而入水不溺又名水仙神仙不離於神者也由中田以證果後天呼吸之炁已無先天眞陽之炁盡化久守於中而不趨於上田卽昔之藍養素胎神十月而不能出之類亦所謂壽同天地一愚夫之類也於此火足神全神炁大定則出陽神出陽神則爲神通變化煉其能變化之神而還虛合道則曰天仙天仙體同天之清虛合德同天之無極不居名於

東天西天超於三十三天之上上與天仙齊其會久不可以復加也此入仙地仙神仙天仙同一陽神之所證也他如不知眞精陽炁則無周天伏煉所修者一性之陰而已性須寂靜而不動於妄當下眞空不起念作輪迴種子不隨境入輪迴窠臼出得陰神不受生死久爲靈鬼沉空滯寂爲禪宗之所極證者故曰鬼仙而亦不能終天地之鬼者乎由入門之不正眞無陽炁而不足以終天地者也又有一等在世之

人不爭名利不事繁華不羣人世隱居深山窮谷而亦自謂之仙以之居名山也人也山也人山兩字合則為仙乃有五等之外等乎猶有不能枚舉者而皆謂之仙不足以為仙者也後之學者幸無見此不仙而名仙者遂輕視天仙等焉則亦可謂羨慕而進者矣是願是願

評古類

一問曰張紫陽白玉蟾皆言凝神入炁穴葆眞子直

議之日神至靈妙如何凝聚得他蓋息念而返神於身（息念一句是紫陽眞人自釋凝神二字之語）則炁亦反於身漸漸沉於炁穴矣其說不同如何是伍子曰彼言神反於心則凝歸本位矣炁亦反於身只歸得本位不似張白二眞人所說神入炁穴是神炁有交媾在此正有修爲處非神反炁反而不合一便謂可證者不必從眞議況二眞人之言出於鍾離祖化神後之言安可妄議之歟

二問曰葆眞子又議無炁穴謂元陽眞炁散於四肢百骸又爲視聽言動豈區區藏一穴之理此議如何

伍子曰人當生時自具一性命則元神本體原自有着落處故雖發明曰炁穴其在四肢百骸視聽言動時炁緒餘爲用也猶有本體及在不爲身外之用亦有本體在且人之元炁者元炁即自有所在人不能見元炁亦不能見内有穴無穴不能辨何必議有穴無穴哉不過煉精化炁時以下田爲主煉炁化神時

以中田爲主皆曰三田反覆有行所當行住所當住化炁時固在下丹田而炁穴又豈在下丹田之外而別議之耶元精藏於腎元精不發動時卽是元炁而可謂炁穴遠於下丹田乎强議無炁穴自已落空亡後學無所惑也

三問曰元太虛議凝神入炁穴只是收視反觀回光內照而已葆眞子議云非是執着所在而用意觀照不反是虛靜以反神於內其師徒二說是否伍子曰

仙眞所謂囘光內照者異於是當煉精化炁時卽囘
照精炁當煉炁化神時卽囘照神炁當煉神還虛時
卽囘照還虛固不可着相於處用照亦不可着內用
照皆落空之境耳去仙機頗遠獨喻吾所云囘光內
照呼吸太和是煉精化炁時之內照以其有呼吸太
和四字而知之至煉炁化神非呼吸可言元葆二說
不足以語者

四問曰昔李虛庵云畢竟如何是道須向二六時中

校勘不與諸緣作對的是箇什麽伍子曰此禪家套語耳不知仙眞上聖之所謂道者無形無情無名至虛至極之妙其所謂道生一一生二今言緣言對當知緣一也對緣者我又一也則二矣不與諸緣對者去緣而尚有我在我爲道中之一物一爲道中之一數一在故未至虛極之妙安可指一便謂之道一在卽神在也化神時此心着不得緣境一着緣境卽隨六道雖化炁時對緣而着之則不化炁何莫非不對

緣而遽稱爲道哉殊不知煉神還虛還之無極而至
極方爲與道合眞齊眉於仙佛者也古今尚無又豈
於二六時爲言也
五問曰坐忘論云勿定於急急求慧急則傷定傷定
則無慧矣此說是否伍子曰此言非也蓋人之性體
靈照是慧慧動而發用從耳曰聰從目曰明不用聰明
於耳目而回光復其本體則名慧名定是名慧於定
不名慧於不定定此慧則名定不定此慧則不名定

彼云定中求慧定是何物又以何物求得何慧此所以非我天仙頓法道理一性而稱者同語也

六問曰金丹必言鼎爐如何郎是伍子曰先把乾坤爲鼎器此天仙家之定論問曰李虛庵乃云身心爲鼎器又曰乾心也坤身也是否答曰乾非心也乃易所謂乾爲首坤爲腹者是也行得三田反覆之功者方能眞知爐鼎之妙

七問曰昔紫陽眞人云元性非他物者亦烝凝耳得

靈此言如何伍子曰但看天地亦烝凝而矣而人之
小天地者卽是此張眞人發萬古之未發今八一貫
之旨不改
八問曰昔有一人究玄關一竅李清庵云二六時中
行住坐臥着功夫問內求之語默視聽是什麼此言
是否伍子曰大修行人頓修於語默視聽一無所着
着了卽爲有相虛忘豈可生心求甚麼墮於外道耶
問曰除卻語默視聽是旁門外道如何則是答曰玄

關者古人言至玄至妙之機關是也一竅者非是以一竅着形相而言如云一些兒幻妙機關也事事法法皆有一些兒玄妙在且云藥生古今人人能談所謂有時有處是一些兒幻妙火候調息呼吸人人盡談所謂進時不退退時不進可升之時不可降可降之時不可升行有當行之道住有當住之處亦是一些幻關如煉炁化神十月養胎人人盡談不知前有煉炁之有為沐浴後之純陽無為沐浴亦是一些幻

妙神有將出之景亦有所出之法如何是煉神如何是還虛超過虛無寂滅於無極至極皆一些玄妙今畧舉以宣示未可疑於一竅而小視先聖之教言也若必求一竅以實之藥生之地何以當言

九問曰古云知心息相依久成勝定神炁相合久致長生二者可能得否伍子曰勝定長生皆先天之炁爲心之依爲神炁之合非止言出入息之炁也以出入息是後天幻化之物有成壞故問曰隨息之法與

息俱出與息俱入隨之不已一息自住此言亦是心息相依久成勝定之說豈亦非與答曰仙家眞息之妙只有升降而至於無升降不可以出入言有出入者卽凡夫非仙聖上上頓法也所以莊祖云凡夫之息以喉眞人之息以踵

十問曰息息歸根金丹之母陳虛白曰此言如何伍子曰息能歸根還於靜矣則能生先天眞炁所謂炁眼眞人云敲竹喚龜肢琴招鳳世人不知招喚故亦

不知金之由生也

十一問曰何謂眞人呼吸處伍子曰人之呼吸是天地故呼亦出天根乾闢是吸亦出於地根坤闔是旋乾轉坤是眞人呼吸至妙之機非臍腎中央口鼻之處范德昭云內炁不出外炁不入非閉炁也似知呼吸之妙若不知呼吸之處則不能煉鼎中之丹大仙道斯遠矣最宜究竟

十二問曰有云修煉必至於胎息而後炁歸元海力

是純陽十月之功此言是否伍子曰非也凡十月之工息不歸於下田者煉炁與息皆至於無而爲神矣不可以炁歸元海言問曰如何是炁歸元海答曰元精元炁生於元海每將順去而爲後天交感之精眞人依法採取歸於元海烹而煉之漸長漸盛成服食金丹故先聖之炁歸元海壽無窮者是也此百日煉精化炁時事非十月煉炁化神時事故曰非也

十三問曰葆眞子直議曰三宮升降乃其自升降非

人升降周天運用乃其自運用非人運用此議是否伍子曰全是邪說悞人太甚豈不聞古聖人神運河車無了期乎古人教人升降要在自然運用要在自然非言不用人力而自升降運用也凡人不行道者升降由經絡管系非三田也非周天也惟能三田反覆首尾方能三宮升降得仙師之火候者方能周天運用也

仙佛合宗終

國家圖書館出版品預行編目資料

天仙正理（附：仙佛合宗）／沖虛伍守陽真人著.
-- 初版. -- 新北市：華夏出版有限公司, 2023.11
面； 公分. --（Sunny 文庫；305）
ISBN 978-626-7296-18-9（平裝）
1.CST：道教修鍊

235 112003999

Sunny 文庫 305
天仙正理（附：仙佛合宗）

著　作	沖虛伍守陽真人
印　刷	百通科技股份有限公司 電話：02-86926066 傳真：02-86926016
出　版	華夏出版有限公司 220 新北市板橋區縣民大道 3 段 93 巷 30 弄 25 號 1 樓 電話：02-32343788 傳真：02-22234544
E-mail：	pftwsdom@ms7.hinet.net
總 經 銷	貿騰發賣股份有限公司 新北市 235 中和區立德街 136 號 6 樓 電話：02-82275988 傳真：02-82275989 網址：www.namode.com
版　次	2023 年 11 月初版一刷
特　價	新台幣 580 元（缺頁或破損的書，請寄回更換）

ISBN-13： 978-626-7296-18-9